江苏高校品牌专业建设工程资助项目（项目号：PPZY2015B199）
江苏省高校哲社科优秀创新团队"残疾人专业服务与资源建设研究团队"项目成果
南京特殊教育师范学院出版资助项目

特殊群体社会支持书系

听觉障碍学生阅读策略及相关干预

张茂林　著

南京师范大学出版社
NANJING NORMAL UNIVERSITY PRESS

图书在版编目(CIP)数据

听觉障碍学生阅读策略及相关干预/张茂林著. —南京：南京师范大学出版社,2016.8
（特殊群体社会支持书系）
ISBN 978-7-5651-2788-5

Ⅰ.①听… Ⅱ.①张… Ⅲ.①听觉障碍－学生－阅读教学－研究 Ⅳ.①G762.2

中国版本图书馆 CIP 数据核字(2016)第 149239 号

丛 书 名	特殊群体社会支持书系
书　　名	听觉障碍学生阅读策略及相关干预
作　　者	张茂林
责任编辑	左　宓　于丽丽
出版发行	南京师范大学出版社
地　　址	江苏省南京市宁海路 122 号（邮编：210097）
电　　话	(025)83598919（总编办）　83598412（营销部）　83598297（邮购部）
网　　址	http://www.njnup.com
电子信箱	nspzbb@163.com
照　　排	南京理工大学印刷照排中心
印　　刷	扬州市文丰印刷制品有限公司
开　　本	710 毫米×1000 毫米　1/16
印　　张	11.25
字　　数	158 千
版　　次	2016 年 8 月第 1 版　2016 年 8 月第 1 次印刷
书　　号	ISBN 978-7-5651-2788-5
定　　价	32.00 元
出 版 人	彭志斌

南京师大版图书若有印装问题请与销售商调换

版权所有　侵犯必究

前 言
Foreword

在当今信息社会,面对瞬息万变、五花八门的资讯,人们快速获取知识的途径有很多,其中不可或缺的重要一项就是阅读。生活和工作中,无论是读书、看报、上网、看电视,抑或是收发邮件、查阅资料,都离不开阅读。它对我们工作、学习乃至生活的意义不言而喻。对于存在听觉障碍的学生来说,阅读不仅是获取信息的重要途径,更是他们回归主流社会的必备能力。阅读能力的高低对这些学生的学业成绩、受教育程度、社会化发展以及生活质量的影响都远大于健听学生。而且,随着现代科学技术的发展,手机、网络、电子图书等高科技设备的出现,在给这些听障学生带来便利的同时,也对他们的阅读能力提出了更高的要求。所以一直以来,阅读教学都是聋校语文教学的一个重点。国家《全日制聋校语文课程标准》(草案)也特别指出:"聋校阅读教学的核心目标和任务是培养聋生具有独立阅读的能力……各学段都要重视阅读能力的提高,加强对阅读方法的指导,让聋生逐步学会粗读、精读。"

然而,从现实情况来看,当前聋校语文阅读教学的效果并不尽如人意,其中最大的问题就是教学效率偏低,学生阅读能力提升缓慢。在同聋校教师的交流中,我们发现很多语文教师都反映听障学生的阅读课非常难上,学生进步不明显,提高学生的阅读水平一直都是让他们非常头疼的问题。听障学生的语文阅读水平比普通学校的健听学生平均要低三至四个年级。因此,关注听障学生的阅读,提高聋校阅读教学的效率,寻求有效提升这些学生阅读能力的方法,已经成为心理学与特殊教育领域研究的重要任务和内容。

突破听障学生阅读教学困境的重要渠道之一是阅读策略教

学。阅读策略是学习策略的重要组成部分，也是当前阅读研究领域的热点之一。能否有效地使用阅读策略，是能否实现流畅阅读的必要条件，也是判断一名阅读者阅读能力强弱的重要标志。在阅读策略研究领域，多以健听学生为对象，专门针对听障学生的尚不多见，而且很多聋校教师对阅读策略的认知度也有待提高。如何从阅读策略的角度准确了解和把握这些学生在阅读中的认知特点及规律，以此为依据，有针对性地促进听障学生阅读能力的提升，这是笔者在攻读博士学位期间就开始关注的问题，近年来承担的部分课题也是以此为核心。本书对这些研究成果进行了系统梳理，以期能为聋校教育实践以及听障学生阅读能力的提升提供一些参考。

全书共包含六章。前三章属于基本理论及综合概述部分。第一章从阅读心理学的视角对阅读及阅读理解的基本过程、相关模型，以及阅读领域的眼动研究进行了介绍。第二章围绕阅读策略这一核心概念，介绍了它的内涵、类型及构成体系，并对阅读策略领域的研究方法进行了概述，对阅读策略教学的发展历程及典型模式进行了分析。第三章着重针对听障学生的阅读特点，对他们在阅读过程中的策略运用状况及相关干预教学研究进行了概括和分析。

第四章至第六章是笔者近年来针对听障学生的阅读策略所做的一些实证研究。第四章以发展有效的听障学生阅读策略评价工具为出发点，系统构建了听障学生阅读策略的架构体系；通过对不同类型听障学生的比较分析，探究了听障学生阅读策略的发展特点和趋势，揭示了不同类型听障学生在阅读策略运用中的差异。第五章借助眼动追踪技术，在不干扰听障学生自然阅读过程的情况下，通过对相关眼动指标的提取，探讨了不同阅读策略运用倾向和眼动模式之间的关系，借由眼动指标揭示听障学生在不同阅读条件下的信息处理特点。第六章主要是针对听障学生的阅读策略提升开展的一系列干预研究，其中既有针对初中生群体的，也有针对大学生群体的，既有集体教学，又有个案训练，方法虽有不同，但皆有成效，也进一步证实了阅读策略训练在听障学生群体中的有效性和适用性。

本书的出版，要感谢南京特殊教育师范学院诸多领导及同事的关心，感谢学院著作出版资金的资助，也要感谢南京师范大学出版社徐蕾总编的关心和支持，感谢彭茜、左宓编辑在编校过程中付出的辛苦努力！全书付梓之际，特别感谢华东师范大学杜晓新教授，不仅给予我诸多学术上的引领，更是我人生旅途中的导师！

张茂林
2016 年 5 月于南京

目 录
Contents

前 言 …………………………………………………………………… (001)

第一章 阅读及阅读的过程 …………………………………………… (001)
第一节 阅读及阅读理解 ………………………………………… (001)
第二节 阅读理解的过程模型 …………………………………… (005)
第三节 图式理论视角下的阅读理解 …………………………… (007)
第四节 阅读过程中的眼动研究 ………………………………… (009)

第二章 阅读策略及相关研究 ………………………………………… (014)
第一节 阅读策略的内涵、类型及构成体系 …………………… (014)
第二节 阅读策略的研究方法 …………………………………… (022)
第三节 阅读策略教学 …………………………………………… (026)

第三章 听觉障碍学生的阅读及相关研究 …………………………… (031)
第一节 听觉障碍学生的阅读及特点 …………………………… (031)
第二节 听觉障碍学生阅读理解中的策略运用 ………………… (033)
第三节 听觉障碍学生阅读策略教学及干预 …………………… (039)

第四章 听觉障碍学生阅读策略的运用特点及现状 ………………… (042)
第一节 听觉障碍学生阅读策略问卷的编制 …………………… (042)
第二节 听觉障碍学生阅读策略运用状况调查 ………………… (052)
第三节 不同阅读水平听觉障碍大学生认知灵活性的特点研究 …… (060)

第五章　听觉障碍学生阅读策略运用的眼动特点研究……………(071)

　　第一节　听觉障碍学生在不同阅读条件下的眼动特点研究 …………(071)

　　第二节　阅读提示对听觉障碍学生快速阅读影响的眼动研究………(084)

　　第三节　听觉障碍学生阅读理解监控中的眼动特点研究…………(098)

第六章　听觉障碍学生阅读策略的相关干预…………………………(111)

　　第一节　初中听觉障碍学生阅读策略教学的实践研究…………(111)

　　第二节　聋校阅读教学中组织策略训练的实验研究……………(118)

　　第三节　不同认知灵活性听觉障碍大学生快速阅读能力训练的实验
　　　　　　研究 ………………………………………………………(125)

　　第四节　听觉障碍大学生阅读理解元认知能力训练的个案研究 ……(134)

结　语………………………………………………………………………(140)

参考文献……………………………………………………………………(149)

附录1：听觉障碍学生阅读策略问卷 ………………………………………(162)

附录2：实验材料示例 ………………………………………………………(166)

附录3：听觉障碍大学生快速阅读训练 ……………………………………(170)

第一章 阅读及阅读的过程

第一节 阅读及阅读理解

一、对阅读及阅读理解的认识

关于阅读,西方对此的最早研究始于 E. B. Huey(1908),他在其著作"*The Psychology and Pedagogy of Reading*"中对阅读进行了详细的介绍,认为"阅读是获取意义的过程",阅读的理论应该包括"对人类思维的许多最为复杂的工作"的描述。但是,对阅读下一个定义并不是一件容易的事。因为在日常实际中,存在着各种各样不同类型的阅读活动,不同的阅读活动又各自具有不同的目的,使用不同的加工策略。因此,在对阅读概念的界定上,不同的研究者之间依然存在很大的分歧和争议。

道林和莱昂(Downing & Leong,1982,摘自张必隐,2004)认为阅读存在着两种最基本的类型:一种类型强调信息的译码过程。他们把阅读看成是按照词的书写形式去重新创造一个词的声音形式,或者是从书写的符号翻译成声音的形式。他们强调的是从视觉信号到听觉信号的一种转变。另一种类型强调的是意义的获得。他们认为阅读乃是由读者所具有的概念去重组新的意义,阅读中的译码不是把视觉信号转变为声音,而是把它转变为意义。正如 Smith(1978)所主张的:译码并不是将视觉符号转为听觉符号,因为我们在阅读时,早已把文字的意义加以明确化了,不需要再通过声音的转译就直接可以获取意义,阅读的关键在于意义的获取。

应该说,对阅读的这些认识并不是完全对立的,他们强调的分别是阅读加工的不同层次。强调译码过程的心理学家并不否认文意获取的重要性,强调意义建构的心理学家也并不能完全否认对字词的译码过程。所以,采取一种折衷而综合的方式对阅读进行定义将更为大家所接受。吉布森和莱文(Gibson & levin,1975)将阅读看成是"从篇章中提取意义的过程"。为了达到这一目的,应该做到:① 把书写符号转换为声音;② 具有相应的心理词典,可以从语义记忆中获得书写词的意义;③ 能够对这些词进行整合。可见他们的定义涵盖了阅读加工过程中的各级水平。

我国的语文教育家和心理研究者也从不同的维度和层面,对阅读进行了论述和界定。

著名中学语文教学法专家朱绍禹(1983)在《中学语文教育概况》中谈到:"阅读文章是透过书面语言,领会其意义,从中获取思想和学习语言的活动程序,是人们学习和认识世界的一种基本手段。"这一观点强调了阅读是通过文章的表层结构语言,去挖掘文章的深层结构思想,是学习语言、认识世界的一个重要通道和方式。

章熊、张隆华认为阅读就是通过视线的扫描,筛选关键性语言信息,结合头脑中储存的思想材料,引起连锁性思考的过程。他们强调,阅读过程中的信息不仅需要"筛选",而且还要结合阅读者头脑中已有的"存储"材料,引起思考,以便能实现阅读者与读物的沟通,将"言"还原为"意"。

学者张必隐(2004)在专著《阅读心理学》中指出:"阅读是从书面材料中获取信息并影响着读者的非智力因素的过程。"在这一过程中,阅读者不仅仅是"提取阅读材料的意义",阅读活动也会影响个体的情感乃至个性的形成。

从这些表述中我们虽然还无法准确地概括出阅读活动的实质,但至少在其中一点上研究者的观点是共通的,即阅读的最终目的在于理解。所以综合来讲,阅读是阅读者与文本材料间交互作用,建构文本意义的过程,这一过程包含一系列复杂的行为和活动,体现了个体一项基本的智力技能。

二、阅读理解的成分分析

司空见惯的阅读活动看似简单,实则包含着非常复杂的历程。从我们前面对阅读的介绍可以了解到,阅读的内涵中涵盖着对文字的识别和意义的理解。所以绝大多数的阅读文献也都将阅读的成分分为识字和理解两个部分(Gagne,1985;柯华威,1998;Pressley,2000)。其中,识字是阅读的基础,而理解则是阅读的终极目标,在阅读理解的过程中,这两者具有互补的关系。

Gagne(1985)曾将阅读的历程分为四个阶段:解码认字、获取字义、推论理解、理解监控。这些阶段其实也体现了阅读的上述两个层面:第一层是对字句的理解(第一、第二 2 阶段),其中包括对字的辨识、字义的搜寻和语句的整合等;第二层是对文章的理解(第三、第四阶段),包括对文章内容的理解和推论理解等。阅读的过程就是从简单的字词分析开始,到对复杂的段落、篇章的理解,其成分要素见图1-1,具体阐释如下。

1. 解码认字

解码认字是将书写的文字符号转换成声音的过程,包括字形、字音的辨识。如果阅读者对文章中的某些字词非常熟悉,这些字词的意义已储存于阅读者的长期记忆中,能够进行自动的激活提取,那么当他看到这个字时,就可以直接了解它的意义,不需要借助语音的转译。而对于某些不太熟悉的字词,就要借助字音为线索,读出声音,从长期记忆中搜索字义。如,儿童通常用朗读来帮助自己了解文章

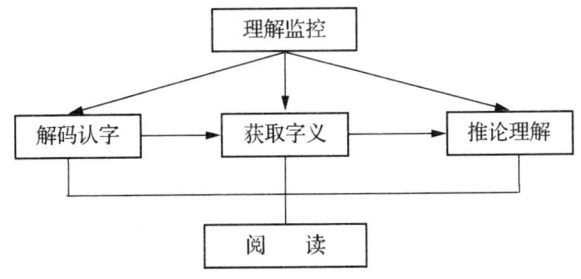

图 1-1 Gagne 的阅读历程成分要素

的意思,而成人看到不太懂的一段话,也会念出声音来帮助自己寻找记忆。

2. 获取字义

根据 Gagne 的理论,字义理解的历程包括"字义获取"和"语句整合"两种历程。"字义获取"是指了解文章中个别字词的含意,是解码的最后结果。通过解码和字义获取两个历程,可以获得某一个字的完整记忆。

在"语句整合"阶段,读者必须对句子中的某些字词做有意义的分割,即所谓的"断句"(segmentation),同时把分割好的字或词做语法上的分析,即所谓的"剖句"(parse),然后再把各种有意义的字词,根据他们的关系联结起来,获取句子的意思。

3. 推论理解

推论理解是指阅读者对文章的内容取得更深入了解的过程,包含整合(intergration)、摘要(summarization)、精制化(elaboration)三种历程。"整合"对文章产生关联的概念,发现文章隐含的概念及关系。"摘要"是阅读完一篇文章后,在记忆中将文章主要的概念建立一个宏观架构。比如,阅读完一篇故事以后,可以用最简明扼要的文字说明故事的大意。"精制化"是结合旧经验和新知识,对文章做更深入的探究,以产生新的体验。

4. 理解监控

理解监控是指阅读者在阅读理解的过程中,将自身的阅读理解活动作为意识对象,不断地对其进行主动积极地监视、评价和调控。它的历程包含目标设定、策略选择、目标检核及修正四个方面。读者在阅读文章时,会先设定目标;根据这个目标选择他所使用的策略;完成阅读后,检视自己是否达成了所设定的目标;如果没有达成,则进行及时的补救修正。例如,拿到一本新书时,阅读者想大概了解它讲了些什么,就会选择浏览的策略,可能是先看目录或各篇的标题,然后问问自己,是否已了解这本书的大概内容,然后再进行有针对性的阅读。

理解监控体现了阅读者的元认知加工能力,属于较高层次的阅读认知成分。

第二节 阅读理解的过程模型

从信息加工心理学的观点和方法出发,阅读心理学家也对整个阅读理解的过程进行了许多研究和分析,并提出了不同的理论模型(Goodman,1967;Stanovich,1980;Gough,1976;Rumelhart,1977)。总体来讲,这些模型大致可以分为三类:自下而上模型、自上而下模型和相互作用模型。在不同的模型中,研究者强调的侧重点不同。有些模型强调文本本身的作用,假定阅读材料对读者有较大的影响;有的则强调阅读者的作用,认为阅读理解同时以文章提供的信息和阅读者原有的知识储备为基础。下面对这三类模型分别简要介绍。

一、自下而上模型

自下而上的模型以 Gough(1976)为代表,强调文本所提供信息的作用,认为阅读过程是有组织的、有层次性的。阅读是从低级的小单位字母加工发展到高级的词组、句子以至语义加工,最后达到获得文本全部意义的过程。

这种模型假设对文本信息的加工遵循从字面的部件表征到字面,再到词汇,最后到意义理解的过程。即阅读始于信息的最小单位(笔画),从字词的解码开始一直到获取意义。从本质上说,阅读就是把印刷的"文字符号"与读者早已掌握和理解的口头语言联系起来。因此,阅读者要掌握文本的全部意义,就必须加工句子,而这种加工取决于读者是否分析了那些句子的短语和子句。分析又取决于读者是否辨认出了那些单位中的字词。对大部分语言来说,字词的识别又取决于读者是否辨认出了它们的字母(笔画)组成。

显而易见,这种模型强调的是文本材料本身的作用,它体现出阅读过程中清晰的层次性。但这种模型存在着致命的缺陷,即它过于狭隘的假定:阅读就是纯粹的从文本中提取意义的过程。许多研究表明,在阅读中,文本仅仅是信息的一个关键来源,其他的信息则来自读者已有的知识储备。

二、自上而下模型

该模型以 Goodman(1967)为代表。与自下而上这一较低层次的加工模型不同,自上而下模型是截然相反的过程。该模型并不强调识字能力,而是注重理解的重要性以及阅读者的已有经验对理解的影响。自上而下模型与自下而上模型有一个共同之处,即主张阅读是一个预测下一步信息并做出肯定或否定判断的过程。阅读者在接触文章时,会利用已有的知识经验或知识背景做一个暂时性的推测,然后从后续的阅读过程中去证实先前的假设正确与否(Stanovich,1980)。

从这种模型可知,在阅读过程中,阅读者扮演着主动建立假设、预测和澄清的角色。该过程突出了长期记忆中语言知识和背景知识在文本理解中的作用。在阅读理解过程中,读者利用大脑中的高层次图式对输入的信息进行预测、判定和选择,从而加速信息的吸收和同化。

三、相互作用模型

此模型以 Rumelhart(1977)为代表,是依据认知心理学及建构主义的理论发展而来的。它吸取了自上而下与自下而上两种模型的合理之处,不再偏重文章提供的信息或读者已有的信息,而是把两者有机地结合起来,认为成功的阅读离不开自上而下地加工和自下而上地加工。阅读者从接触文章开始,首先接受文字视觉刺激,不断从自我的心理词典中提取字或词的意义(自下而上模型),同时也会从自身已有的知识和经验出发,尝试解释文章的意义(自上而下模型)。也就是说在阅读过程中,读者要同时运用自上而下与自下而上的策略。阅读者不仅受文章解码历程的影响,也受已有知识和阅读策略的影响。

Stanovich(1980)于 20 世纪 80 年代提出的互动补偿模型,也属于这一模型范畴。他强调"不同层次之间的信息加工会互相弥补不足……",亦即阅读者若存在某一方面的阅读缺陷,可以由其他方面的优势阅读能力来做补偿。

从上面对三类模型的表述来看,无论是自上而下的模型还是自下而上的模型,都属于系列加工的模式。在这些模型中,信息的传递是单方向的,每个阶段的加工都是独立的,它们的任务只是将加工结果传递给下一个阶段,而彼此之间并不产生影响。显而易见,这样的观点是具有片面性的。自下而上模型没有认识到读者带进阅读过程中的高层知识的作用,而自上而下模型则否认了低层次加工水平的重要性。目前,人们普遍认为对阅读过程描述得比较全面的是相互作用模型。

第三节 图式理论视角下的阅读理解

一、图式与图式理论

图式(schemata)又被称为认知框架。英国心理学家 Bartlett 是把这一概念运用于心理学的第一人。他认为图式是对过去经验的反映或对过去经验的积极组织,是不断发生作用的既存知识结构。遇到新事物时,只有把这些新事物和已有的图式相联系才能被个体理解。到了 20 世纪 70 年代后期,Bartlett 的图式受到了心理学家和人工智能专家的广泛关注。Rumelhart(1980)对图式理论的建立和完善做出了重要贡献。他认为图式是人们头脑中存在的整体知识以及有关某一领域的专门知识,是以层级形式(hierarchy)储存于长时记忆中的"相互作用的知识结构"或"构成认知能力的建筑板块"(the building block of cognition)。一言以蔽之,图式是人们过去获得的知识、经验在头脑中的储存方式,这种储存不是事实、经验的简单罗列和堆砌,而是围绕不同的事物和情景形成的有序知识系统,它是人们认知事物的基础。

所谓图式理论就是运用认知心理学理论,分析图式这一认知框架在个体认识活动过程中的作用。其主要观点是,人们在理解新事物时,需要将新事物与已知的概念、过去的经历即背景知识联系起来。对新事物的理解和解释取决于头脑中已经存在的图式,输入的信息必须与这些图式吻合。

二、阅读过程中的图式类型

按照 Carrel 和 Eisterhold(1983)的观点,阅读过程中,读者头脑中的内容图式(content schemata)和形式图式(formal schemata)起着十分重要的作用。这两种图式与文本的语言、内容和结构相互作用,决定了读者的阅读能力和对阅读材料的理解程度。

1. 内容图式

内容图式是指有关文章内容的背景知识,它直接影响读者对文章主题的理解。一般来说,读者头脑中的内容图式越丰富,在阅读理解时被调用的几率就越大,也就越能保证对文章意义的正确理解。

2. 形式图式

形式图式是指文章的体裁和篇章结构方面的知识。如果读者拥有足够的关于这方面的知识,在阅读过程中,就能够熟练地激活正确的形式图式,运用结构策略,根据文本的组织结构和段落之间的逻辑关系对阅读的内容进行预测、选择和验证,这将有助于读者对文章的透彻理解。

三、图式理论对阅读理解的阐释

按照图式理论的观点,阅读理解就是在文本的各部分之间、在文本与个人经验之间积极构造意义的过程。文本本身并不带有意义,它是创造产生意义的蓝图。它向读者提供了如何从已有知识和经验中,使用一定的策略来构造意义的方向。文本中的字词在读者头脑中激起了与之相关的概念、它们之间过去的相互联系以及它们潜在的相互联系。而文本的组织结构帮助读者在这些概念复合体中进行选择。

Rumelhart 认为阅读信息的聚合依赖于视觉的处理与认知的处理两部分，其中认知的处理是关键。视觉处理需要视觉信息，即文字；认知处理需要非视觉信息，即读者头脑中分等级安排好的知识结构（图式）。阅读的时候，人脑像一个信息处理中心，视觉处理系统不断搜集输入的文字信息，并通过四个辅助储存库（表音法知识、构词法知识、句法知识和语义学知识）不断筛选、认同，从低级到高级依次处理。与此同时，反方向的认知处理过程也在发生，读者头脑中的背景知识和已有的语言知识会根据获得的阅读信息提出暂时性的假设，然后通过一系列的分析对这些假设加以肯定或否定。因此，阅读过程中每一阶段的知识分析不仅来自更高一级的知识分析，也依赖于低一级的知识分析，一旦两者吻合，就会产生令人满意的阅读理解。如果阅读者能有丰富的背景知识，就可以把注意力集中于高级阶段的提出假设上。因此，阅读者头脑中的"图式"是基石，一切信息处理都建筑在这个基石之上。

　　总之，图式理论将阅读过程视为阅读者在不同层面上的"自下而上"和"自上而下"的两种信息处理方式相互作用的过程；强调阅读者已有的认知结构对当前阅读活动所起的决定作用；强调阅读过程中读者的主动性以及读者对文章理解的创造性。这些观点充分揭示了阅读理解过程的实质，也对我们的阅读研究及阅读教学实践有着重要的启示：阅读不是简单的信息输入，更重要的是对文章信息进行加工、筛选、编码，使之与读者头脑中已经储存的信息知识相互联系和重新组织，不断地构建新的认知结构，所以有效的阅读应该是讲究策略的阅读。

第四节　阅读过程中的眼动研究

　　阅读理解是一个十分复杂的过程，涉及视觉、注意、语言和眼动等多方面的协调工作。近年来，随着科技的发展，眼动记录已成为阅读研究领域应用最广泛的测量方法之一，它不仅可以用来实时监测阅读者阅读理解中的多种加工过程，更主要

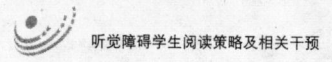

的是,它是非干扰性的,对阅读者的正常阅读过程基本不造成影响。

一、阅读领域眼动研究的历史

西方关于阅读的眼动研究大致可分为三个阶段。第一个阶段即阅读眼动研究的初始时期(19世纪末到20世纪20年代),正是在这一时期研究者们发现了阅读中眼动的一些基本特征,如眼跳、眼跳的潜伏期和知觉广度等;第二个阶段是阅读眼动研究的停滞期(从20世纪20年代到20世纪50年代末),从注重基础研究转向注重应用,但受行为主义思潮的影响,阅读理解中的眼动研究出现了一个停滞期;第三个阶段是阅读眼动研究的快速发展时期(20世纪60年代以后),以眼动记录系统的改进为主要特点。

第一阶段:这个阶段属于阅读领域眼动研究的初始阶段。在此阶段的部分研究涉及阅读中关于眼动的一些基本事实。如,Quantz在1897年出版的《阅读心理学中的问题》一书中,对个体的阅读过程进行了系统研究,其中涉及了阅读时的眼音距(eye-voice span)、阅读速度等问题;1906年,Deaborn出版了《阅读心理学,关于阅读节奏和眼动的实验研究》,这是比较明确地探索阅读过程中眼动问题的一部论著。在书中,研究者系统探讨了阅读理解过程中的注视次数、注视点位置、注视时间、注视疲劳等问题;此外还有Huey(1908)、Javal(1879)等人的研究,也涉及阅读过程中的眼跳、注视次数等基本现象。

第二阶段:这一时期的研究逐步从基础研究转向应用研究,尤其是体现在教育教学领域中。在这一阶段,研究的内容也比较宽泛,涉及个体在阅读不同科目、不同材料时眼动模式上的差异,不同阅读水平的个体阅读时眼动模式的差异,还有运用不同阅读方式(朗读和默读)时眼动模式的差异,部分研究还涉及了一些特殊被试,如口吃儿童、聋儿等。但是在这一时期,由于行为主义思潮盛行,否认对人的认知过程的研究,部分研究者认为眼动并不能反映出阅读中的认知加工过程,因此对阅读中的眼动研究也比较抵制。20世纪50年代以后,眼动研究逐渐减少,阅读领域的研究出现达10多年之久的停滞。

第三阶段：这一时期是阅读眼动研究的快速发展时期。随着认知心理学的发展，阅读理解的认知加工过程重新受到心理学研究者的关注。与此同时，伴随着计算机技术的发展，特别是眼动记录技术的革新，阅读过程的眼动研究进入了一个新的阶段。一方面研究者详细研究了各种眼动轨迹系统的特征；另一方面对眼动资料的分析方法进行了较大的改进，尤其是将眼动轨迹系统与实验室计算机联合起来，以此收集和分析大量的数据，使眼动记录能较好地推测阅读的信息加工过程。20世纪90年代之后，阅读领域的眼动研究更是呈现出方兴未艾之势，并有许多新的发现和模型（如眼动模型、加工模型）被提出，以试图来解释阅读理解过程中眼动的控制。

像心理学在国内的发展一样，国内对阅读领域的眼动研究涉足较晚，大约始于20世纪80年代。不过令人感到欣慰的是，近十几年来人们对这个领域研究的数量和质量都有明显提高。

二、眼动的基本形式

在阅读理解中，人眼的运动涉及两种基本的运动：眼睛本身的运动（眼跳）和注视（眼睛相对静止）。此外，为了解决阅读中遇到的理解问题，准确把握文意，还会有回视的情况。

1. 注视

在眼动过程中眼睛保持相对静止被称为注视（fixation），它是指将中央窝对准某一物体的时间超100毫秒以上。在此期间，被注视的物体得到充分的加工，在中央窝形成清晰的图像。阅读中，读者对文字信息的获取主要是在注视期内。对熟练的读者来讲，平均每次注视的时间约为200—250毫秒（Rayner,1978）。但是，不同个体间差异性较大。不仅如此，同一读者，在不同时间或者阅读不同性质的文本时，注视持续时间都有很大差异。

2. 眼跳

眼跳(saccade),又称眼跳动,即眼球在注视点之间产生的跳动(如图1-2),是受中枢神经系统控制的有规律的随意运动,表现为眼球的注视点或注视方位的突然改变。眼跳是一种快速的眼运动,其速度一般为每秒500度。眼跳一旦开始,就不能改变运动方向,直到这次眼跳结束为止。眼跳在阅读中大约会占据10%的阅读时间。阅读者在这个过程中不能获取信息,因为眼跳导致呈现在眼前的信息只是一闪而过。眼跳时间受到眼跳距离的影响(Rayner,1998)。眼跳的距离越远,所用时间就越长。

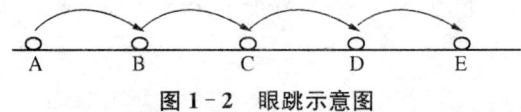

图1-2 眼跳示意图

3. 回视

在阅读中,多数眼跳都是从已知区域朝向新的未知区域,即向前眼跳,但有时还会出现反方向的眼跳,即在注视新词语后再返回注视之前已经注视过的内容(如图1-3),被称为回视(regression)。

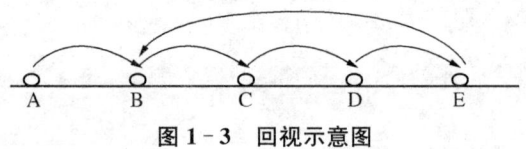

图1-3 回视示意图

回视的原因,可能是读者在当前注视的词语上出现了问题,也可能是读者不理解文章(Rayner,1998),回视有助于读者对文章进行深度加工。Frazier和Rayner(1982)曾提出了读者在阅读过程中的三种回视模式:① 前进式回视,即注视点回到句子的开始再重新读一遍句子;② 后退式回视,即对刚才读过的内容从右到左逐字阅读;③ 选择式回视,即通过眼跳回到被错误理解的句子成分上。

三、眼动过程中的信息加工

围绕阅读过程中眼动的信息加工方式，有一个人们一直争论不休的问题，即语义信息在多大程度上是被同时加工的？位于副中央凹的信息（通常是注视点右侧附近的信息）在多大程度上能够获得加工？

序列加工的观点认为，一次只有一个词语进入语义加工水平，当注视中的这个词完成了语义加工之后，注意才可以转向处于副中央凹的下一个词语。在此之前，对副中央凹单词的加工应该仅限于基本的视觉信息。这里也存在一个特例，就是对短小的、高频的、从上下文中易于推测出的单词而言，可能发生跳读（即跳过这个单词，对它没有形成注视），这时候它的语义信息在跳读前的那次注视中就已经完成了。

而根据注意梯度观点，注意可以扩散到注视词附近的几个词，所以对两个相邻词的同时语义加工是有可能实现的。也就是说，对注视词和它后面的副中央凹词的加工在时间上有一定的重叠。

第二章 阅读策略及相关研究

阅读是一个建构文章意义的过程,其主要的目的在于对文章的记忆和理解。为使阅读者能产生良好的阅读历程,达到有意义的学习效果,在阅读时运用适当的阅读策略是必需的。阅读策略对于阅读理解的助益已经得到许多研究上的证实(Kavale & Schreiner, 1979; Taylor, 1980; Cook & Mayer, 1983),本章将就该领域的相关研究加以论述。

第一节 阅读策略的内涵、类型及构成体系

一、阅读策略内涵

"策略"意为计谋、谋略,是指有系统、有计划的决策活动(《现代汉语大辞典》,2006)。它是指个体为了实现某一目标,事先(或在进行中)根据不同形势而制定若干行动的方案,并根据当前形势发展选择某一更适合的方案。具体到阅读领域,策略通常被认为是读者在阅读过程中所展开的具有明确目标导向性的一系列认知操作(Sinatra, Brown & Reynolds, 2002)。当阅读活动进行时,策略运用得宜,可以减少工作记忆的负荷,促进信息的传递,有助于文意的理解。

可以说阅读策略是学习策略在阅读领域的具体应用与体现。但如同对学习策略的认识一样,研究者对阅读策略的理解和认识也是众说纷纭、莫衷一是。例如,Langer(1982)把阅读策略看成是静态的、阅读者可以利用的资源、技能或方法;Block(1986)则从动态的角度把阅读策略看作是阅读者与阅读文本间相互作用的过程;Winograd 和 Hare(1988)认为阅读策略是阅读者为了达到预期的目的或目

标所选择和掌握的有意识的行为;Wallace(1995)则把阅读策略视为阅读者灵活使用的阅读方式,而且可以随着文章类型、上下文和阅读目的等方面的变化而变化;国内学者曾祥芹(2005)认为,"阅读策略是阅读主体为保证阅读任务的完成、阅读效率的提高,对阅读活动进行调节和控制的一系列谋略";周龙兴(1999)认为,"阅读策略就是指阅读主体在阅读过程中,根据阅读材料特点、阅读目标等因素,所选用的调控阅读行为及程序的恰当方式"。

上述观点从不同侧面揭示了阅读策略的特征,但它们也有相通的地方,比如都强调读者在策略阅读中的积极作用,都突出对阅读方法的选用,都注重阅读中的计划调节过程,强调阅读时的自我心理运作,等等。在此基础上加以综合性的考虑,我们认为可以把阅读策略界定为阅读者在与文章互动的过程中,为达成阅读目的而采取的心理上、行为上的行动。它包括两个方面的含义:一是阅读者在阅读活动中或阅读开始前采取的一系列规则、方法及技巧;二是对这些规则、方法及技巧的调控及调控方式,体现了个体的主动性。

二、阅读策略与其他策略、技巧的关系

1. 阅读策略与学习策略

近年来,学习策略已成为教育学、心理学领域研究的热点问题,它是指学习者在学习活动中进行有效学习的程序、规则、方法、技巧及调控方式等(刘电芝,2002)。不难看出,阅读策略与学习策略有着非常密切的联系,阅读策略是从学习策略中引申而来的一个概念,是学习策略在语言学习或阅读领域中的具体应用和体现。

因为阅读是个体学习知识、发展智力的基础和前提,同时也是人类获取信息的主要途径,所以提高阅读理解的有效策略也是提升学习能力的有效策略,以至有人在理解阅读策略的时候,直接将它与学习策略混为一谈。但是,阅读策略又不完全等同于学习策略,它是一种专门性的学习策略。策略具有领域特异性的特点,适合

于某一领域的策略换到另外一个场合可能就不太适合,正如刘津开(2002)所说的:"通过阅读可以学习词汇和语法,但阅读和学习不完全一样,不能说阅读等于学习,或学习等于阅读。"

2. 阅读策略与阅读技巧

阅读策略和阅读技巧也是两个容易混淆的概念。有些研究者,特别是学校里从事教学的一线教师有时会将它们混为一谈。其实,从认知的角度来看,这是两个不同的概念,两者是有区别的。Oxford(1990)认为,技巧仅仅意味着能力、技术或者熟练度,是在语言发展过程中逐渐获得的;而策略则是学习者为了使学习变得更简单、更迅速、更有趣、更有自我指导性、更有效或更能适应新情况而采取的具体行动。

一般来讲,阅读技巧是习得性的,是每个阅读者在实际过程中无意识地使用的种种方法;而阅读策略则是阅读者为了解决某一个具体的问题而有意识地采取的某些手段或方法。熟练的读者会因为阅读目的不同或所阅读的文章类型不同采取不同的阅读策略,而阅读技巧则表现为高度熟练的、内化的阅读方法。而且,阅读策略的使用能激发读者更高层次的认知操作,继而使读者建构或重新建构文章意义,但阅读技巧只是停留在较低层次的认知操作上。

三、阅读策略的类型

阅读过程中,阅读者究竟会用到哪些策略?阅读策略中到底包含哪些项目?不同的研究者对此持有不同的意见和观点。

1. Pressley 和 Gillies(1985)根据阅读理解的四个历程,提出在不同的阅读阶段使用不同的阅读策略。

(1)解码阶段:当阅读者不能认出单字时,可能使用的策略包括查字典、询问他人、根据上下文猜测字义、跳过等。

(2)文意理解阶段:当阅读者不了解字句或文章的意思时,可能使用的策略有：在难字或难句下画线、分析句子结构、对照上下文猜测字义、重新浏览全文、划重点、分段阅读、自问自答、记笔记、做摘要、进行文章架构分析等。

（3）推论理解阶段：阅读者需要利用旧经验与旧知识来协助理解，而且要留意文章逻辑的正确性与一贯性，批判文章内容，进行新的联想与推论。

（4）理解监控阶段：在理解监控自己对于文章意义的了解时，阅读者需要评鉴理解的正确度有多少，并且根据评鉴结果进行自我调整。

2. Heilman, Blair 和 Rupley(1990)也认为在不同的阅读阶段，阅读者会使用不同的阅读策略，他们分别就阅读前、阅读中、阅读后阅读者使用的阅读策略类型概括如下。

（1）开始阅读前，阅读者可以设立阅读目标、浏览文章插图、预览文章类型、预测文章内容、提取与文章有关的知识背景、将材料与个人经验联系起来。

（2）阅读过程中，阅读者可以运用标题引导阅读，在每段阅读结束后为自己设置一些问题；当阅读遇到困难或障碍时，可以选择放慢阅读速度、重读或者寻求帮助，甚至继续读下去，寻找到作者的风格。

（3）阅读结束后，可以运用问题来检视理解程度，评估所得到的信息，预测最终结果；对重点内容做摘要，重读某些重要的部分。

3. Sarig(1987)利用出声思考的方法对被试进行了研究，并将他们的阅读策略归纳为以下四种类型。

（1）有技巧的策略：略读、浏览、跳读、在文中写下关键字、对文章内容做出标记、在页边写出段落大意、使用术语表等。

（2）归类简化策略：替代、用自己的语言进行解释、婉转陈述、利用同义词等。

（3）衔接发现策略：有效使用内容图式和形式图式来预测下文、辨认文章中的人物及他们的观点和行为、文章意义的连续解码、使用文中给出的总结、辨认出文章的重点等。

（4）监控策略：意识到计划的改变并完成任务、略过不懂的地方、调整阅读速度、纠正错误、进行自我评价等。

4. Carlisle 和 Rice(2002)则从功能性上对阅读策略加以区分,他们归纳阅读时可以采用的策略有以下几种。

(1) 准备策略(preparatory strategies):包括提取先前知识、决定阅读目的、浏览文章,以及进行预测等。

(2) 组织策略(organizational strategies):包括找寻文章大意、整理摘要、分析文章结构等。

(3) 精制化策略(elaborative strategies):包括将文章内容与先前知识建立联系、形成心理图像、进行推论解释等。

(4) 执行策略(executive strategies):重新认识与修正存在理解障碍的地方,并决定采用何种方式完成阅读任务。

除上述观点以外,还有很多研究者也就阅读策略的类型表达了自己的观点(Kame'enui & Simmons, 1990;Dole et al. , 1991;Sheorey & Mokhtari,2001)。Mayer(1996)曾经就阅读过程中涉及的信息加工过程,如感觉登记、短时记忆、长时记忆等,提出了阅读理解的"选择—组织—整合"(selecting-organizing-integrating,SOI)模型。这一模型其实包含了三种基本策略:选择策略、组织策略和整合策略。但是中国台湾学者宋曜廷(2002)认为,SOI 模型只涉及认知层面,除此之外,阅读过程中还应有元认知的成分,如专注和监控等。据此他对 SOI 模型进行了修正,加入了专注和监控成分,提出了文章阅读的 ASOIM 模型,用来解释低阅读能力者在阅读过程中的应用策略。

也有学者从阅读过程入手,提出了很多阅读者在阅读中应该具备的基本策略和技能,例如认读字词、划分段落、概括大意、概括中心思想、分析评价文章的结构、分析评价文章的语言、运用词典、利用目录等了解书刊内容、根据不同的目的选择并熟练地运用适当的阅读方式等。阅读研究专家韩雪屏教授更是主张可以将阅读策略概括为问题意识、提纯概括、联想和触发、监控和反思、观点采摘、还原语境等方面。

表1-1对研究者提出的阅读策略类型进行了梳理。从中可以看出,不同研究者以不同的观点对阅读策略进行了区分,但基本上这些策略都体现在帮助阅读者认识阅读的过程、活化相关的知识背景、分配注意力专注于重点内容、将当前阅读内容与先前知识联合起来、监控正在进行的阅读活动、做出解释并预测文章的结论等。总之,这些观点关注阅读者在阅读过程中的具体策略行为,为我们进一步研究阅读策略的体系提供了参考。下面将要介绍的另外一些研究对阅读策略的分类更具理论性,更强调阅读策略构成体系的建构。

表1-1 不同研究者对阅读策略类型的认识

研究者	阅读策略类型
Pressley 和 Gillies(1985)	自问自答、利用上下文猜测字义、跳读、分析句子结构、画线、记笔记、做摘要、浏览全文、利用已有经验、质疑、联想、自我监控、自我调整、查字典、向他人求助等
Sarig(1987)	略读、浏览、跳读、利用关键字、做出标记、写出段落大意、用自己的语言进行解释、辨认出文章的重点等、调整阅读速度、纠正错误、自我评价
Kame'enui 和 Simmons(1990)	刺激背景知识、预测、提出问题、做摘要、监控理解程度、复述、做笔记、划重点、检验预测正确性、做图示摘要、做纲要
Heilman, Blair 和 Rupley(1990)	建立阅读目标、浏览、预览、预测、利用知识背景、将材料与个人经验联系起来、设置问题、做摘要、调整阅读速度、重读、寻求帮助
Dole et al.(1991)	确定重要性(如区分重要信息与次要信息)、总结、推理、产生问题、监控理解
Sheorey 和 Mokhtari(2001)	认知策略、元认知策略、辅助性策略
韩雪屏(2001)	问题意识、提纯概括、联想和触发、监控和反思、观点采摘、还原语境

(续表)

研究者	阅读策略类型
Carlisle 和 Rice(2002)	提取先前知识、设定阅读目的、浏览、预测、找寻文章大意、摘要、分析文章结构、建立联系、形成心理图像、进行推论解释、自我调整
宋曜廷(2002)	重点画线、推论、句子整合、文章摘要、自我发问、侦错、自我监控

四、阅读策略的构成体系

1. 整体策略和局部策略

从阅读策略的运用层面上,Block(1986)把阅读策略分为两类:整体策略和局部策略。前者指的是基于篇章理解层面上的具体策略,这些策略的运用有助于读者把握文章整体意义,包括预测文章内容、辨认文章结构、综合信息、质疑文章的信息、解释文章、使用常识、对行为或过程进行评价、监控理解、纠正行为和对文章做出反应等;局部策略针对的是阅读材料的基本单位(如字、词、句等),包括释义、重读、对单词意义的质疑、对句子意义的质疑和解决词汇问题等。

2. 直接策略和间接策略

Oxford(1990)依据策略对语言学习的不同作用以及策略与语言材料的关系,将策略划分为直接策略和间接策略两大类。其中,直接策略与目的语直接相关,是直接处理目的语学习的策略,包括认知策略、记忆策略和补偿策略三个次大类;间接策略与目的语没有或基本上没有直接联系,是起支持和管理目的语学习作用的策略,包括元认知策略、情感策略和社会策略三个次大类。Oxford 的这种分类虽然是针对语言学习过程的,但其中也涉及阅读。比如,认知策略包括总结、解释、预测、分析、使用上下文暗示等阅读策略。记忆策略包括形成心理概念、使用关键词、利用词汇联想等。补偿策略则包括类推、猜测、查阅词典等阅读策略。间接策略中则包括集中注意力、自我监控、纠正错误、自我鼓励、减少焦虑、质疑、寻求合作等类型的阅读策略。

3. 元认知策略、认知策略和社会—情感策略

考虑到阅读策略与学习策略之间的密切关系,很多研究者也借鉴学习策略的分类体系来对阅读策略进行分析。在众多学习策略分类中,被普遍认同的是 O'Malley 和 Chamot(1990)的分类。他们依据认知学习理论把学习策略分为三种类型:元认知策略(metacognitive strategies)、认知策略(cognitive strategies)和社会—情感策略(social-affective strategies),这三类策略中,每一类又包括若干小类。具体到阅读过程而言,元认知策略是指将自己正在进行的阅读活动作为意识对象,不断地对其进行积极自觉的监视、控制和调节。元认知策略主要有四种:一是制订计划;二是执行控制;三是检查结果;四是采取补救措施。认知策略是和阅读活动直接相关的策略,是为达成理解而采取的方法和措施,诸如选择策略、概括策略、组织策略、质疑策略、激发背景知识的策略等,都属于认知策略的范畴。社会—情感策略强调了阅读过程中的社会性和情感性,包含协作策略、寻求帮助策略、情感调控策略、自我激励策略等方面。

从上述表述中,我们可以看出在构建阅读策略的分类体系时,研究者的视角或出发点各不相同,有的是基于信息加工的视角、有的是基于策略运用的视角、有的是基于关系的视角。比较而言,笔者更加认同 O'Malley 和 Chamot 的观点,认为从信息处理的角度来对阅读策略进行分析更为恰切。因为阅读过程本身就是一个典型的信息处理过程,从认知加工、元认知加工的视角对其进行分析更能反映它的实质。在策略研究中,元认知策略和认知策略已经成为大家普遍接受的术语(Dembo,1994;Sheorey & Mokhtari,2001;Mckeachie et al.,1990;刘电芝,1999;杜晓新,2001)。前面所提及的宋曜廷(2003)关于阅读理解的 ASOIM 模型,其实就包含了认知策略(选择、组织、整合)和元认知策略(专注、监控)两部分;Oxford 的分类体系与此也有相通的地方,他的直接策略基本上全都属于认知策略的范畴,间接策略则涵盖了 O'Malley 和 Chamot 所说的元认知策略和社会—情感策略。

概括来说,在阅读理解过程中,认知策略直接面向阅读过程,对阅读材料进行

信息选择、加工、贮存和保持,它能优化信息加工过程,提高阅读效率,主要包括复述、精加工(精制)和组织等类型;元认知策略用于评价、管理、监控认知策略的使用,主要体现在阅读者能积极监控自己的阅读过程,能够在必要的时候采取适当补救策略,调整策略去解决阅读中出现的问题。

第二节 阅读策略的研究方法

阅读策略研究中常规的研究方法主要有问卷调查法(questionnaire survey method)、出声思考法(think-aloud method)、访谈法(interview method)和测量法(measurement method)等类型。随着现代技术手段的发展,特别是眼动技术在阅读研究领域中的应用,对阅读者阅读时眼动的固着模式进行分析,可较深入地考察个体阅读过程的认知特点,准确把握阅读理解的即时(online)认知过程,这种测量已成为目前获得读者阅读数据的重要途径,也是阅读策略研究当前和今后可以应用的重要方法。

一、阅读策略研究的传统方法

1. 问卷调查法

问卷调查法是由研究者先通过已有的文献或对研究对象的小样本访谈,归纳出策略运用的类别,在此基础上形成策略问卷。使用时可以先让被试进行阅读理解测验,结束后呈现问卷,让被试回忆自己在刚才的阅读中,是否使用了问卷上出现的阅读方法,也可以让被试直接根据自己平时的阅读习惯进行问卷填写。

这种方法的优点是内容客观统一、结果容易量化且便于施测,可以做大样本的评量。但是阅读策略往往是情境性的,读者在不同阅读情境中会选择不同的阅读策略,在问卷选项之间被试往往难于抉择,有时被试也可能会倾向于选择社会期许的选项,所以问卷法往往不能准确地反映读者的阅读策略使用情况。而且,这种方法还受被试语文能力的影响,如果他们不理解问卷题项的表述,也不能准确地做出反映自身实际的选择。

2. 出声思考法

出声思考法是要求被试在阅读的过程中同时报告其思维过程,也就是说,读者在阅读故事的过程中需要在事先确定好的位置停下来并口头报告自己的思维活动,这是借用了问题解决研究中的方法。其优点是能够比较好的抓住被试在每个瞬间的反应,直接反映无法直接观察的内部认知加工过程,提供丰富的信息,有助于探讨个体内部的认知过程。但这种方法又受限于被试的表达能力,而且需要被试掌握很好的出声思考的方法。

使用出声思考法进行阅读策略研究的有很多,Pressley 和 Afflerbach(1995)分析了 40 余项出声思考的研究,发现熟练阅读者在阅读前、阅读过程中和阅读结束后使用的阅读策略主要有:确定阅读目标、浏览全文、激活和使用相关知识、重新阅读重要内容、确定文章的重要信息(主题句等)、根据上下文猜测生词意思、预测可能在下文出现的信息、根据文章内容和自己的知识进行推理和分析文章的性质和结构、概括文章主题、对文章内容进行解释、评价文章的价值、计划和监控阅读过程并及时修正阅读行为、做笔记、做标记和使用参考资料(如字典)等。

3. 访谈法

访谈法也是阅读策略研究中经常使用的方法之一。它是由研究者针对阅读理解中所要研究的问题,通过与研究对象之间面对面地交流,深入了解研究对象对相关问题的看法和心理感受。从形式来看,访谈可以采用小组的方式进行,也可以通过访谈者和被访者面对面、一对一地进行。访谈可以是结构化的,所谈论的问题可以是事先设计好,并针对所有被访者都问同样的特定的问题;也可以是开放式的,访谈者不事先预设问题,问题来自于受访者所提供的信息。

这种方法不像问卷调查法那样会受被试语文能力的限制,只要被试具有语言表达能力,就可以进行回答;而且由研究者面对受访者当面收集信息,更能准确地把握他们在阅读过程中的心理历程。但是,访谈法也是属于事后追溯的方法,被试不可避免地会存在忘记阅读当时所存在的反应的情况。

4. 测量法

测量法是根据实验研究的目的及要求,采用一定的技术和手段对阅读活动的效果加以数量化测定的过程。在阅读策略研究中,测量法中运用的技术主要有以下几种:① 完形填空测量法。在完形填空测验中,研究者删除文章段落中的某些词语,并借此来考察阅读者在空白处的反应。Rankin 和 Thomas(1980)认为完形填空的过程就像是对阅读历程的慢动作模拟,在这种情形下,通常能引发读者使用策略。这种方法主要测量个体是如何选择和运用策略的。② 句子画线测量法。让读者一边阅读,一边结合自己的理解和认识在阅读材料中的某些句子下画线。该方法可以测量出不同阅读能力者在掌握文章重要信息上的差异。③ 错误觉察法。实验者故意在文章中设置一些错误点或前后矛盾的地方,然后要求阅读者在完成阅读后,侦测出错误所在。根据被试侦测的错误数量,反映被试的阅读情况。这种方法更多地反映了阅读者的理解监控情况,在阅读理解监控研究中应用较多。④ 自信评价法。给被试提供一段材料,要求被试阅读后对自己的理解做出等级评定,然后考察等级评定与阅读测验实际得分之间的一致性程度。这也可以在很大程度上反映阅读者对自己阅读的理解监控程度。

二、眼动技术在阅读策略研究中的应用

1. 眼动技术的概念

眼动技术通过对眼动轨迹的记录,从中提取诸如注视点、注视时间、注视次数、眼跳距离、瞳孔大小等数据。这些数据可以告诉我们眼睛正在注视的内容,并进而推测大脑正在进行的加工。因为阅读是一种基于视觉通道的认知加工活动,所以以眼动研究为切入点来研究阅读规律具有广阔的发展前景。

2. 眼动技术的优势

将眼动技术用于阅读研究有两点优势:首先,它是一种实时测量,依托于整个

阅读过程本身,追随着个体阅读中所注意的每一点细微变化;其次,眼动测量是非干扰性的,它极大限度地使读者的自然阅读过程顺畅进行而不受干扰,从而保证了研究结果具有较高的生态效度。

3. 眼动技术的研究历程

心理学家对阅读的眼动研究可以追溯到19世纪,但当时的研究主要集中在诸如注视次数、注视位置等基本参数和基本特征上,直到最近二十多年,心理学家才开始重视眼动与知觉以及认知之间的关系,并涌现出大量的研究成果(Rayer,1998)。这些研究更多地关注阅读过程的不同眼动模式、阅读中的眼动与知觉加工的关系、阅读眼动模式的个体差异、阅读中的眼动控制等,并提出了许多用于解释阅读中眼动现象的眼动模型(Moorrison,1984;O'Regan,1992;Reichle etal.,1998)。例如,在个体差异方面,许多研究(Tinker,1965;Rayner, 1978;Biscaldi,Fischer & Aiple,1994)表明:熟练的阅读者和非熟练的阅读者的阅读眼动模式差异显著。熟练的阅读者在阅读时的注视次数分布比较均匀,注视停留在文章的开始部分的时间比较长,可以注视课文内容的80%;而非熟练的阅读者则表现出更长的注视持续时间、较多的注视次数、较多的回视等。

在以眼动技术所开展的研究中,有些其实是和阅读策略密切联系在一起的。通过优选的眼动指标,可以实时揭示阅读者在阅读过程中的策略运用状况(如回视策略、阅读速度调整策略等)。在Rothkopf(1978)的一项研究中,他在被试阅读文章前先将问题告诉他们。结果发现,当阅读到与问题答案有关的内容时,实验中所有的被试均表现出平均注视时间增加、眼跳距离减小等特点。这其实是实时再现了阅读者在运用理解监控策略时眼动模式的变化。另外,还有研究(Rayer,1997)发现,当给予读者以不同的阅读任务时,熟练的阅读者能够使他们的眼动适合于这些不同的任务。当阅读材料难度较大的时候,熟练的阅读者能表现出不同的眼动模式。该研究同时发现阅读内容在文章中的重要性越大时,被试的注视次数会增多。

4. 眼动技术在国内的研究概况

自从20世纪80年代我国引入眼动仪以来,国内学者也陆续发表了一些对中文阅读过程中眼动特征的研究(白学军,沈德立,1995;白学军,沈德立,1996;阎国利,1999;陶云,申继亮,沈德立,2003;隋雪,2003),并出版了一些阅读眼动研究方面的专著,如《学生汉语阅读过程的眼动研究》(沈德立,2001)、《眼动分析法在心理学研究中的应用》(阎国利,2004)等。这些研究和专著以不同年级、不同阅读能力的阅读者为被试,对他们在阅读句子、记叙文、说明文和寓言等不同材料时的信息加工特点及眼动模式进行了探讨,取得了丰硕的成果。

第三节 阅读策略教学

1910年,美国的《教育心理学杂志》(Journal of Education Psychology)创刊,并对阅读策略教学给予了较多的关注,这是西方阅读策略教学研究的重要事件。自此,关于阅读策略教学的研究得到了研究者的持续关注与深入探讨。从20世纪开始至今,阅读策略教学已经形成一系列比较系统的研究结果,并在教学实践中不断得到检验与证明。

一、阅读策略教学的发展取向

20世纪初至今,关于阅读策略教学的研究主要有三大研究取向:行为主义取向、认知取向和社会建构取向。

1. 行为主义取向

20世纪50年代以前,行为主义居于心理学研究的统治地位,教育心理学家对于阅读的研究无疑也是在这种取向下展开的。

行为主义的观点认为可以通过精密的分析将阅读技能分解为一系列的子技能及下位子技能,这些技能累加在一起便构成了阅读能力。分别将这些子技能教给学生就能提高学生的阅读能力,所以阅读能力的培养就是针对学生欠缺的技能进行大量的练习和训练。行为主义者认为阅读策略教学中最优化的教学模式就是进行基本阅读技能的分析与练习,做练习题是行为主义者所推崇的主要教学方式,学生通过做大量的练习来强化阅读技能。

2. 认知主义取向

认知革命将心理研究的关注点从可观察的行为转向内在的心理过程。20世纪60年代以后,在阅读研究领域,心理学家开始广泛关注阅读过程中潜在的认知过程和元认知过程。认知取向的阅读观认为,阅读能力涉及许多认知及元认知过程,阅读能力的培养就是将认知过程和元认知过程以阅读策略的形式教给学生。

在这种取向的指引下,研究者强调阅读策略教学应该激发阅读者的背景知识,使用各种图式帮助学生理解文章,同时注意教导学生利用各种策略监测自己的阅读理解过程,学会因地制宜地使用策略以促进学生对篇章的理解。

3. 建构主义取向

社会建构论认为,任何高层次的心理功能的发展都是外在的社会活动经验转化成内在心理结构的过程,所以教学须考虑社会因素的重要性,让学生在情景中学习,参与同伴讨论,在彼此的互动中获得新的知识。

建构主义的取向将阅读活动视为主动的、积极的、目标策略驱动的过程。在这个过程中读者会努力地实现局部连贯和整体连贯,读者会有解释课文的普遍动机,他们试图解释课文中提到的行为、事件和状态。好的策略教学应使学生认识到运用策略的目的,策略怎样和为什么能起作用,何时何地可以运用策略。而且,要引导学生积极参与对策略的评价、调控和整合,让学生成为学习的主动者。

二、阅读策略的教学方法

根据阅读策略是否直接传授给学生可以将阅读理解策略的教学方法分为直接教学和间接教学两类。

1. 直接教学法(direct instruction)

直接教学指的是教师将阅读策略直接传授给学生,这是以阅读策略的传授为直接目的的教学。这类教学的特点是教师先明确地让学生知道理解某个或某些阅读策略的含意及运用方式,接着,教师示范及指导,提供明确的应用信息,让学生知道为何、如何和何时使用这些阅读策略,并将学习的阅读策略融入日常生活的阅读活动中去。Dole 和 Pearson(1991)称这类教学方式为阅读理解策略的明晰教学。

概括而言,阅读策略直接教学的通用模式遵循"教师示范-解释思维过程-解释价值与使用方法-学生练习-教师反馈-迁移运用"的流程。通过这样的教学过程,能尽可能高效率地将阅读理解策略传授给学生,从而实现学生阅读能力的提高。

2. 间接教学法

间接教学法(或隐性教学)的观点认为无需通过直接传授,学生可以藉由教师提供的教学情境自主获得相应的阅读策略,这是基于阅读策略的教学模式。当学生阅读和讨论阅读文本的时候,由读者、文本和情境所构成的阅读事件本身提供了教学的材料,学生在与他人互动的过程中会不自觉地使用策略加工文本。例如,有些文本明显具有促进理解的结构,当学生阅读这些文本的时候他们会自动地使用识别文章结构的策略理解文本。

一般来说,阅读策略的间接教学主要包括教师选择文本、设置问题、学生合作学习等方式,利用阅读策略对于学生阅读的促进作用,提高学生对阅读文本内容的理解,提高阅读教学效果。

三、阅读策略教学的典型模式

20 世纪 80 年代以来,西方学者提出了许多阅读策略教学课程,旨在向学生传授阅读策略,下面介绍比较有影响的几种阅读策略教学。

1. 互惠教学

互惠教学模式是 Palincsar 和 Brown(1984)等人根据维果茨基的"最近发展区"理论发展起来的一种阅读教学模式。在互惠教学模式中,师生互换"教学领导者"角色,轮流承担教的任务,"教师"引导"学生"运用特定阅读策略进行教学对话,共同实现对文章意义的建构。

互惠教学提供的阅读策略有四种：预测（predict）、提问（question）、澄清（clarify）和总结（summarize）。根据读者的需要和文本的要求，教学生将这些策略视为互为补充的策略并灵活地加以应用。教学时采用学生和教师对话的形式，每个学生轮流使用这些策略建构文本的意义。

2. 交互策略教学

Pressley(1995)及其同事进行策略学习和教学研究时提出了交互策略教学模式（transactional strategies instruction，简称 TSI）。TSI 采用阅读小组的模式培养学生的阅读能力，学生们在小组中一起互动学习，建构文章意义。

"交互"是指个体读者通过个体的解释和理解接近文本，然而当教师和学生共同建构意义的时候，个体的背景、经验以及不同的解释会构成一个解释性的共同体，共同体的成员互相影响。在具体项目的实施中，TSI 涉及的阅读策略有预测、图像组织化、提问、澄清、建立联系和总结等。教师通过出声思考和明确指导来教授这些策略，学生分小组进行策略使用练习。

3. 多重策略教学

多重策略教学（1nformed Strategies for Learning，简称 ISL）是由 20 多个模块构成的策略教学方式，其目的是教学生学会四种理解过程：阅读计划、识别意义、阅读中的推理以及监控理解。ISL 的首要目标是帮助学生在阅读的时候成为有策略的阅读者。每个模块中包含五次课，每次课教不同的策略。在课程中教给学生与每种策略相关的陈述性知识、程序性知识和条件性知识，提供能够帮助学生记住策略的比喻，提供有指导的练习机会。

ISL 课程属于直接教学的模式，强调传授阅读策略以及告知读者这些策略的用途。ISL 课程的教师首先向学生示范策略以及进行明晰解释，然后逐渐要求学生独立地产生和选择策略。

4. 已知—想知—新知模式

1986 年，由多纳·奥格尔提出了"已知-想知-新知"。他将"已知-想知-新知"

(KWL)作为一种教学模式来帮助学生学习说明性文章,他认为这种教学模式能够激发学生在阅读说明性文章时的主动阅读活动。

在具体实施过程中,教师要在阅读教学的不同阶段指导学生思考他们已经知道了什么(know)、他们想去学习什么(want)以及他们在阅读中学到了什么(learned)。这种技术能够使已有的知识与阅读内容联系起来,从而促进学生对文本内容的理解。另外,随着教师在课堂中频繁运用这种技术,这将引导学生自己在阅读的过程中也能够独立地运用这种技术。

四、国内相关研究

在国内,许多研究者也在积极探索将阅读策略的思想融入到阅读教学中去(周国韬、郭忠银,1998;莫雷,1999;张大均,1998;张向葵,1999;陈向阳、戴吉,2007;王晓平、吴庆麟等,2008)。周国韬、郭忠银(1998)在对初中学生进行的语文阅读精加工策略的训练研究中,把提问、提要、复述主要内容、复述中心思想和找出关键情节五种策略作为训练的主要内容,并经过12次、每次45分钟的训练,结果发现训练组的阅读理解成绩有了大幅度提高,这说明阅读精加工策略训练对于促进学生的学习是有价值的。

陈向阳、戴吉(2007)采用对比实验的方法,运用自编的元认知阅读策略训练教程对重点中学和普通中学的初二学生进行了训练。结果表明对初中生进行元认知阅读策略训练能有效地提高其阅读理解成绩,对普通中学初中生进行元认知阅读策略训练的效果优于对重点中学初中生。

王晓平、吴庆麟等(2008)采用干预教学的方法对小学四年级学生进行了对比实验研究,探讨叙述文阅读理解策略教学对提高小学生阅读能力的有效性,结果发现阅读理解策略教学虽然未能提高学生的阅读策略使用自我知觉情况,但他们使用阅读策略的能力却确实提高了,而且阅读成绩也得以提高了。

第三章 听觉障碍学生的阅读及相关研究

听觉障碍(简称"听障")是指因听觉系统某一部位发生病变或损伤,导致听觉功能减退或丧失,以致听不清或听不到周围的声音,造成言语交流障碍,也称听力残疾、听力损失、聋。我国参照国际标准制定了中国听力残疾标准,把听觉障碍分为聋和重听两类;聋包括一级聋(听力损失在 91 dB 以上)和二级聋(听力损失在 71—90 dB);重听包括一级重听(听力损失在 56—70 dB)和二级重听(听力损失在 41—55 dB)。

阅读对丧失听觉能力的听障学生来说具有特别的意义,所以一直以来,心理学研究者及特殊教育工作者都对听觉障碍学生的阅读给予高度重视。综观这一领域的研究,最为丰硕的成果主要集中在对听觉障碍学生阅读能力及发展水平的探讨方面。

第一节 听觉障碍学生的阅读及特点

一、听觉障碍学生的阅读水平

总体来说,关于听障学生阅读的研究大都显示他们在阅读方面确实存在困难(McAnally, Rose & Quigley, 1999)。早在 1916 年,Pintner 和 Patterson 就通过"伍德沃斯和威尔斯测验"(Woodworth and Wells Test)对一群 14—16 岁听觉障碍学生进行过评量,结果发现他们在阅读方面的平均分数只相当于正常儿童 7 岁的水平(Kdelly, 1996)。此后更多的研究报告也显示了相似的研究结果。

Wrightstone, Aronow 和 Moskowitz(1963)对 5307 名 10—16 岁听觉障碍学生进行研究,结果发现只有 8%的听觉障碍学生的阅读水平在 4 年级程度以上,10—

11岁被试的阅读程度大约为2年级水平,15—16岁被试的阅读程度大约为3年级水平。Trybus 和 Karchmer(1977)研究发现,在阅读理解方面9岁听障学生能够达到小学2年级的水平,但20岁的听障学生只能达到小学5年级的水平。

此外,美国评量与人口统计研究中心(Center for Assessment and Demographic Studies,简称CADS,1991)的一项报告也指出,13岁及14岁听觉障碍学生的阅读理解能力大约在3年级或4年级的阅读水平,而他们的阅读能力每年只增加大约0.3个年级水平(McAnally, Rose & Quigley,1999)。

除阅读能力的总体水平低以外,听障学生的阅读特点还表现为发展速度缓慢,而且发展不均衡。从上述 Trybus 和 Karchmer(1977)的研究中我们也可以发现,听障学生在9—20岁间,其阅读理解水平只提高了3个年级水平。

在另外一项对美国和加拿大的5 000多名听障学生所进行的调查研究中发现,10岁以上的听障学生中阅读水平能达到4年级者不足10%;而在11—16岁之间,听障学生的阅读分数只从2.6年级提高到3.4年级,可见其发展速度是非常缓慢的(Wrightstone, Aranow, Moskowitz, 1963)。

Pugh(1964)研究了一个寄宿学校的听障学生在"洛瓦默读测验"(*Lowa Silent Reading Test*)中的分数,发现在所有测验中,各年龄组的得分均低于6年级,在7—13年级之间听障学生的阅读成绩几乎没有提高。

二、听觉障碍学生阅读研究概况

在国内,针对听觉障碍学生阅读能力发展特点的大规模的调查研究并不多见。但从现实情况来看,听障学生的阅读能力明显不如听力正常学生,"大部分学生9年级毕业时阅读普通报刊还比较困难"(何文明,2001)。在杨飞燕(2006)以江苏某聋校高中学生为案例做的调查研究中,发现高中阶段听障学生的阅读能力整体比较差,与普通初中毕业学生的阅读要求存在很大差距。

中国台湾学者林宝贵、李真贤(1987)针对聋校高职与初中学生、普通初中及小学聋生班学生所做的调查研究发现,聋校里高职学生平均阅读能力为 3.2 年级水平,初中学生平均阅读能力为 1.7 年级水平;但在普通中学聋生班就读的学生平均阅读能力为 5 年级,小学聋生班学生平均阅读能力为 2.1 年级,他们的阅读能力总体好于在聋校中的学生。

张蓓莉(1987)的研究则是直接针对小学 3 至 6 年级融合学校中的听觉障碍学生。研究结果指出,小学阶段融合学校中听觉障碍学生的阅读能力比同年级听觉正常学生落后 2 个月至 3 年不等,而且存在较大的个体差异;林宝贵、黄玉枝(1997)针对聋校 1 年级至初中 3 年级的听觉障碍学生所做的研究结果也指出,中学阶段聋校或聋生班的学生,其语文阅读能力大约相当于小学普通班 2 年级至 3 年级学生的程度,而且小学 3 年级以后他们语文阅读的进步就渐趋缓慢。

综上所述,从这些研究来看,都普遍反映出听觉障碍学生阅读能力低下的特点,这也是听障教育中我们普遍见到的一个事实。这种能力低下是由多方面原因造成的。相对听力正常学生而言,听障学生知识经验匮乏、语言能力低、词汇量少、关于篇章的语法知识欠缺,这都使得他们在阅读过程中会面对更大的障碍。比如语法上的问题不仅会使这些学生在理解时产生误解,而且会因为分散更多的思考资源于解析没有把握的句子,从而无法将这些资源用于意义建构、篇章整合以及提取先前知识等,从而影响了阅读效能(锜宝香,2000)。

第二节 听觉障碍学生阅读理解中的策略运用

在阅读过程中,阅读者除了要有最基本的字词解码能力外,还应会恰当地使用相关阅读策略,以协助自身增强对文章意义的理解,这是成功的阅读者阅读的关键。那么,对于听觉障碍学生来说,他们在阅读过程中策略的使用情况是怎样的呢?从已有文献来看,阅读策略研究领域的研究更多关注的是阅读策略教学的适用性和实效性,专门针对听障学生阅读过程中策略使用特点的研究并不太多,而且已有研究的结论也不一致。

一、听觉障碍学生阅读过程中的编码策略

个体阅读过程中包含着两个最为基本的环节,即文字识别和文意理解。针对文字识别的研究表明,个体在阅读过程中,通常是将视觉的文字信息转化成听觉的或语音的信息,即存在语音转录或听觉编码的过程。不可否认,这种能力和个体的语言能力及音位觉识能力存在密切关系。那么,对于听障学生来讲,他们在阅读过程中是否存在语音转录,还是存在其他形式的编码方式?一些学者对这方面进行了研究探讨。

Hason及她的同事在这方面做了一系列的研究,其结论是支持听障学生语音编码能力的存在。他们(Hason & Fowler,1987)曾经利用真假词判断的范式对听障大学生和健听大学生进行了考察,结果发现两类被试都可以利用语音线索进行加工判断,特别是阅读能力高的学生,在字词识别中更倾向于使用语音策略;但是,也有另外一些研究认为听障学生在阅读中会倾向于使用手势语、文字的视觉形象等非语音性质的编码策略(Lichtenstein,1984;Treiman & Hirsch Pasek,1983)。

Andrews和Mason(1991)对高中听障学生所做的实验研究就表明,这些学生在完成诸如完形填空类的任务时会结合手语特点,采用手语编码的策略。总之,在阅读过程的字词识别阶段,听障学生既有语音转换加工,也有文字、手势等视觉类型的编码方式的存在。更多的研究者(Lichtenstein,1984;曾世杰,1988,Schirmer,Bailey & Lockman,2004)采用综合的观点,认为听障学生在阅读过程中的编码倾向性和他们平时的沟通方式和阅读能力都有关系。曾世杰(1988)就指出以口语为主要沟通方式的听觉障碍者,在阅读时会采用与健听人类似的语音转录策略;而以手语为主的沟通者,在阅读时则会使用手语或手指语等转录方式。

二、听觉障碍学生阅读过程中认知策略的运用

1. 激活先前背景知识

背景知识对推测文中生词意义、文章不同部分信息的整合、推测文章字里行间含义等都具有非常重要的作用。对于听觉障碍学生来说,存在一个不争的事实,就是他们的背景知识相对匮乏。所以在利用背景知识对文章不同部分信息进行整合方面,有研究认为阅读能力高的听觉障碍者能够利用背景知识对文章不同部分信息进行整合(Andrews & Mason,1991;Andrews, Winograd & DeVille,1994),但也有研究显示听觉障碍者不能利用先前知识来对文本信息进行整合。

Schirmer 和 Winter(1993)的研究探讨了与主题相关的先行组织者(thematic organizer)是否能够激活听障学生背景知识的问题。他们让 24 名听障被试阅读了两篇低于其阅读水平的故事,并在每篇故事中事先设置的三个停顿点上做出相应预测。在阅读其中一篇故事前,先给被试者呈现了一段有关故事内容的引导性阅读材料,以验证这种材料是否能促进学生的理解。结果发现,先行材料并没有对学生的预测产生积极的影响。研究者指出造成这种结果的原因可能是这些先行组织者不足以激活听障学生的背景知识;也可能是已经激活了,但听障学生不会在阅读过程中恰当运用。

2. 利用文章组织结构

分析和识别文章及段落内部的组织结构,将文章的观点组织、联系起来,对阅读理解具有举足轻重的作用。研究表明,听觉障碍学生对文章结构的理解和认识能力虽然发展得较晚,但在篇章理解中,他们也同样会借助于这些策略。

Griffith 和 Ripich(1988)检验了 11 名年龄在 6—15 岁的听障儿童利用故事组织结构进行复述的能力,结果发现被试的复述成绩和故事的结构成分具有明显相关性,这说明被试在理解和记忆时注意到了文章的组织结构,并在复述时利用了这种结构。

另外,关于听障学生文章标记效应的相关研究(宋永宁,杜晓新,黄昭鸣,2006)也指出,标记效应在听觉障碍学生的阅读中同样是存在的。文本标记(text signals)是表现文章组织结构的一种重要形式,它对文本信息的理解与保持均具有明显的促进作用(何先友,莫雷,2000;杜晓新,2006)。宋永宁等人的研究发现:对于不同结构形式的篇章阅读来说,提供文章标记均能提高听觉障碍学生对篇章意义的整体理解水平。

3. 提出问题和回答问题的策略

教师提问一直是阅读教学的重要方法,也是评价学生理解程度、促进理解教学的主要方式,但学生的自我提问受到的关注却相对较少。实际上,在阅读中运用批判质疑的提问策略是培养学生创新能力、监控自我阅读的有效途径。阅读时能够提出问题,尤其是提出需要综合文章整体内容的问题,能促进学生积极地阅读,提高理解意识。所以,这也是一种重要的阅读策略。

目前,关于听障学生自我提问阅读策略的研究较少。1991年,Livingston采用个案研究法,分析了两位听障大学生这方面的能力。两位被试参加了针对健听学生开设的基础阅读课程,每次课程后提交针对阅读内容的回应论文。从两位听障大学生提交的论文中,研究者发现他们同健听大学生一样在使用自我提问的策略。另外一项有关听障学生的研究(Dowaliby,1992)则发现,阅读之前设置的附加问题能够有效促进这些学生对文章信息的理解,而在阅读之后呈现的问题则不具有这样的效应,这也同样显示了提问策略对听障学生的阅读理解有着积极的影响。

4. 信息推理策略

阅读中的信息推理是指读者运用已有的知识和上下文提示去推断作者的意图,它是阅读理解过程的核心。在听障学生的阅读理解研究中,信息推理也同样受到了研究者的关注。Brown和Brewer(1996)以40名高阅读能力听障生、40名低阅读能力听障生,以及40名健听大学生为被试,比较了他们在阅读过程中的推理能力。结果发现,高阅读能力听障者在进行预测推理时同健听学生没有太大差异,但低阅读能力听障者却表现出较高的错误率,不同阅读能力听障者之间的差异大于听障学生和健听学生之间的差异。

在 Walker, Munro 和 Rickards(1998)的一项研究中,调查了 195 名年龄介于 9—19 岁之间的听障儿童在"斯坦福阅读诊断测验"中的成绩,结果显示被试在字面理解部分的得分高于推论理解部分的得分,特别是对阅读能力低于平均水平的听障学生更是如此。而且,研究者还发现随着被试年龄及阅读水平的提升,低阅读能力者同处于平均水平以上的听障学生之间的差距越来越明显。

5. 心理图像表征

一边阅读,一边将文章的内容用视觉化的形象在头脑中表征出来,形成心理图像(mental image),这也是促进理解和记忆的重要方式,它属于精制加工的范畴。由于听障学生大都是靠视觉或空间定向的,存在视觉加工方面的优势,所以他们在阅读过程中可能会有更多地使用心理图像策略的倾向,相关研究(Schirmer,1995;Schirmer & Woolsey,1997)也印证了这一观点。Schirmer(1995)以 9 名使用手势语的听障儿童为对象,鼓励和引导他们在阅读过程中积极使用心理图像策略,结果发现该策略能有效促进学生的阅读理解能力发展,特别是可以提升回忆、再认、推理、评估等思维过程的品质。

三、听觉障碍学生阅读中的元认知策略研究

关于听障学生阅读中的策略运用,更多的研究者(Davey,1987;Gibbs,1989;Andrews & Mason,1991;Strassman,1992;Ewoldt, Israelite & Dodds,1992;Strassman,1997)将关注点放在他们的元认知策略方面,研究的内容主要涉及元认知意识和元认知控制。

1. 听障学生阅读理解中的元认知意识

阅读中的元认知意识主要是指阅读者对自己阅读能力、阅读方式、阅读材料、

阅读任务和目的以及对阅读策略种类、特点及其运用的认识等。总体来讲,听觉障碍学生在阅读中的元认知意识较差。许多研究发现(Ewodlt,1986;Strassman,1992;Ewoldt,Israelite & Dodds,1992),这些学生在访谈中表述的阅读策略和他们在阅读中实际运用的策略存在很大差异,体现出明显的不一致。

在 Ewodlt(1986)的一项研究中,他采用访谈法对 20 名听觉障碍学生进行了调查。这些学生先前接受过阅读策略方面的培训课程,并且能够很好地利用诸如上下文线索、先前背景知识等独立性策略(independent strategy)。但当被试被问及遇到不理解的单词会采取怎样的措施时,75%的学生表示会采用向教师寻求帮助的策略(依赖性策略),而不是他们实际运用的独立性策略。

Strassman(1992)在另外一项研究中采用问卷法考察了 29 名听障学生对阅读的理解(例如,如何才能够成为一名熟练的阅读者、阅读遇到困难会怎么办,等等)。结果显示,学生的表述更多地聚焦于教师所传授的相关技能,而且还不能广泛和恰当地理解运用。比如,在谈到对重读策略的认识时,48%的学生认为这是一种信息记忆策略,32%的学生认为这是用以回答教师问题的策略,只有 20%的学生认为这是当遇到不理解的段落时,为增进理解可采用的策略。

类似的实验结果在 Ewoldt,Israelite 和 Dodds(1992)的研究中也得到了进一步证实。这些学生的反应甚至让研究者怀疑他们是否真正理解阅读的含义(Strassman,1997),例如在问及他们是否是好的阅读者时,绝大多数被试都给予肯定回答,但他们对好的阅读者的界定并不是我们通常意义上所说的诸如理解文章意义等,而是认为好的读者就是聪明的、听力正常的。

2001 年,Kelly,Albertini 和 Shannon 等人利用实验法测定了 20 名听障大学生的阅读理解水平以及他们自我感知的理解水平,发现学生在这两种理解水平之间存在明显的差距。2003 年,Schirmer 使用出声思考法对听觉障碍学生阅读过程中的策略运用进行了研究,她发现听障学生在阅读中使用的很多策略类型和健听学生是相似的,但学生归纳出来的策略却比健听学生要少很多,她认为"这些听障学生没有意识到自己在使用这些策略"。

2. 听障学生阅读理解中的元认知监控

阅读中的元认知监控是指阅读者根据自己的阅读能力及个人的认知风格等，有针对性地采取相应策略，及时调整并控制自己的阅读行为，从而更有效地完成阅读任务。它包括制订计划、执行控制、检查结果、采取补救策略等方面。

总体来讲，听觉障碍学生（特别是阅读能力差的学生）在理解监控方面的能力较差。Schirmer(2003)使用出声思考及言语分析法研究了听觉障碍学生的阅读策略，在阅读规定的材料后，要求对文章进行回忆复述、意义构建、阅读监控，结果发现他们阅读监控的能力相对较差。

Davey(1987)考察了回视策略（元认知补救策略）对健听学生及听障学生在不同问题条件下的影响，结果发现健听学生无论阅读能力高低都更多地报告自己使用了回视策略，这有助于他们对文章的理解；但听障学生不同，虽然成绩显示他们在回视条件下的阅读有所改善，但报告显示他们并没有较多地报告出自己使用了回视策略。研究者认为这表明了听障学生元认知意识的缺乏，他们只是为了完成任务而进行回视，却没有意识到回视是为了促进理解。

第三节 听觉障碍学生阅读策略教学及干预

在为数不多的对听障学生阅读策略的研究中，有部分研究涉及阅读策略的教学及干预。这些研究的重点在于探讨适用于听力正常学生的阅读策略是否也同样适用于听障学生，对听觉障碍学生进行阅读策略方面的教学或训练是否能够起到积极的效果。表3-1列举了国内外针对听障学生开展的阅读策略教学的部分实践及结果。

表 3-1 听觉障碍学生阅读策略干预教学部分实践及结果

研究者	被试及年龄	阅读策略及教学过程	研究结果
Akamatsu（1988）	5 名 11—12 岁听障学生	文章结构策略、写概要；采用小组教学形式，探讨上述策略教学对听障学生的影响。每周三次，共进行了三周。	训练过程中，学生写摘要的能力得到明显提升。在追踪阶段，三名学生的能力仍能得到很好保持，另两名学生能力有所下降。
Satchwell（1993）	6 名 9—11 岁听障学生	预测、推理策略；采用直接教学法（DRTA），每周三次，每次 1.5 小时，持续 1 个月。	有 5 名被试在阅读等级及目标策略运用方面取得显著成绩。
Fox（1994）	加劳德特大学听障大学生	在世界文学纵览课程中，训练学生在阅读的前、中、后期运用策略的能力，涉及的策略包括做概要、利用引导图等。	除两名高阅读能力学生及部分存在态度问题的学生外，其他学生在课堂讨论、参与度、阅读等方面都得到提升。
Schirmer（1995）	9 名 7—11 岁听障学生	心理图像策略；采用直接教学法，训练学生在阅读过程中运用心理图像以帮助理解。	心理图像有利于学生对阅读内容的回忆、表征、推理及评估。
杨七平（2003）	职高听障学生	"学生预习提问—教师精心设问—学生独立解答—分组交流讨论—组间抽签竞答—教师趁机诱导—师生共同小结"的"七步法"教学。	调动了全班听障学生参与的积极性，提高了他们的自主学习能力，语文基础差的学生进步明显。
李姿德（2003）	3 名小学中高年级听障学生	提出问题、做摘要、澄清问题、做预测等策略；采用相互教学法，探讨该教学对增进听障学生阅读理解的影响。	交互教学法能增进听觉障碍学生的阅读理解能力，能增进学生语文学习能力。

(续表)

研究者	被试及年龄	阅读策略及教学过程	研究结果
杜晓新、宋永宁、黄昭鸣（2008）	聋校4、6、8年级学生	组织策略训练，其中主要包括提取关键项目能力和组织关键项目能力的训练。	组织策略训练能够提高中、高年级听障学生阅读的理解能力。随着学生年级的增长，组织策略训练对提高阅读监控能力的作用逐渐凸显。
秦宁箴（2008）	聋校7年级听障学生	组织策略训练。	通过训练，听障学生的阅读理解能力、自我监控能力、部分认知能力有了不同程度的提高。

从这些研究的结果来看，无论是在国内还是国外，针对听障学生的阅读策略训练都起到了积极的效果。但是我们也应看到，这些研究普遍存在样本选取少、训练时间短的问题，所以研究结论的可信度及普适性有待进一步考察。

听障学生由于掌握的词汇量少，语法知识欠缺，相关背景知识相对贫乏，对语言文字的理解能力显著落后，所以对这些学生的策略教学不能将针对健听学生的教学方法生拉硬套。在策略教学中，要充分认识到这些学生的特点，对不同发展阶段、不同阅读能力的学生开展有针对性的指导。

第四章　听觉障碍学生阅读策略的运用特点及现状

在阅读策略研究领域,人们对阅读策略的构成及含义等基本问题仍然存在争议,众说纷纭,直接导致缺乏对阅读策略进行有效测评的工具,这也使得对听障学生阅读策略的研究很难深入下去。鉴于以上所述问题,本章在理论研究的基础上,以发展有效的听障学生阅读策略测评工具为出发点,构建针对听障学生阅读策略的架构体系。结合所开发的评估工具,通过对不同年级、不同性别听障学生的比较分析,了解听障学生阅读策略的发展水平和趋势,揭示不同类型听障学生在阅读策略运用上的特点,为聋校阅读教学有针对性地开展策略训练提供心理学依据。

第一节　听觉障碍学生阅读策略问卷的编制

一、研究目的

对丧失听觉能力的听觉障碍学生来说,阅读不仅是他们获取信息、学习知识的重要途径,更为他们回归主流社会提供了可能。所以一直以来,阅读教学都是聋校语文教学的重点,但同时也是难点。听觉障碍学生的阅读困难,已成为特殊教育研究领域亟待解决的重要课题和难题。

在聋校阅读教学中,积极开展阅读策略训练,是帮助听障学生学会阅读,提升听障学生阅读能力的关键所在。但通过考察近些年来有关听障学生阅读策略的研究,我们发现仍然存在很多不足,主要表现在:对听障学生阅读策略特点的探索不够深入。为了提高阅读策略教学的有效性和针对性,我们必须全面了解听障学生在阅读过程中的策略运用特点,这是策略研究的核心之一。鉴于此,本研究从阅读策略和学习策略的关系出发,结合听觉障碍学生的阅读实际,编制了"听觉障碍学生阅读策略问卷",希望可以为聋校教师及听障学生本人提供一个评量听障学生阅读策略运用情况的有效工具。

二、问卷的编制过程

(一)问卷维度的建构

阅读策略本质上是学习策略在阅读过程中的应用,因此,其分类和学习策略的分类是相通的,从前面的文献综述部分,我们也可以看出很多研究者其实就是从学习策略的构成体系来探讨阅读策略的(Oxford,1990;O'Malley & Chamot,1990)。考虑到两者之间的这种密切关系,我们认为在对听障学生阅读策略构成体系的探讨中,也可以借鉴学习策略的体系分类方法。

从信息加工的角度出发,很多研究者认为学习策略中,至少包含着认知策略和元认知策略。其中,认知策略又包括复述策略、精制策略和组织策略等;元认知策略则涉及计划、监控和调节。除此以外,Mckeachie 等人(1990)认为在策略运用中还包含对学习资源的管理。这主要是指学习者对学习时间的管理、对学习环境的管理以及对自我意志的管理等。这种思想我们也可以借鉴到阅读策略研究中,因为阅读活动既是社会性的,又是极具个性化的。在阅读过程中,为了达到预期的目的,需要阅读者有效地利用和控制相关资源。例如,制订阅读的时间计划,充分提高阅读的时间利用率,这些属于对时间资源的控制;选择安静舒适的阅读环境,减少外界干扰,抵制不良诱因,这些属于对环境资源的控制;增进与其他人的协作交流,遇到障碍时知道如何求助,这属于对社会环境资源的利用;提高阅读动机,减少遇到困难时的焦虑和不安,增强阅读的自我效能等,这属于对情意资源的控制。诸如此类的这些方面都是影响阅读的重要因素,也是阅读者为实现阅读目标需要掌握和灵活运用的阅读策略。O'Malley 和 Chamot 在认知策略和元认知策略之外所提到的社会—情感策略,其实就属于此类范畴。

基于上述的这些思想,我们认为在对听障学生阅读策略的体系探讨中,至少应该涵盖认知策略、元认知策略、资源管理策略三个方面。其中认知策略、资源管理策略则主要体现在时间资源管理、环境资源管理、情意资源管理等方面(如表4-1所示)。

表4-1 阅读策略构成体系的初步设想

阅读策略		
认知策略	元认知策略	资源管理策略
复述	计划	时间资源管理
精制	监控	环境资源管理
组织	调节	情意资源管理

在问卷编制之前,为进一步明确和验证听障学生阅读中经常使用的阅读策略类型,本研究又选取了部分听障学生进行了结构式访谈。访谈以个别方式进行,由熟悉手语的特殊教育专业学生实施或担当翻译,针对提纲中的问题,让听障学生用手语进行回答。

研究中共访谈了听障大学生2名,初中生2名,高中生1名。访谈提纲的设计是针对学生在阅读中可能会用的阅读策略以及听障学生了解的阅读策略,主要包含以下5个方面的问题(见表4-2)。

表4-2 听障学生阅读策略运用情况访谈提纲

(1) 你觉得自己的阅读情况怎么样?好或不好的原因是什么呢?
(2) 你觉得影响阅读理解的因素有哪些?
(3) 你能举出哪些有效的阅读策略(技巧)?
(4) 你说的这些策略(技巧)有哪些是你一直在用的,哪些是经常用,哪些偶尔用呢?
(5) 还能列举出有些你没有使用过的、但感觉很有用的阅读策略(技巧)?

访谈完成以后,先对访谈中的笔录进行逐字逐句的阅读。在此基础上,列出访谈对象提到的所有表达方式,然后对这些表达方式进行编码。通过对编码结果的分类、概括及整理,我们基本可以将学生提及到的阅读策略归并到上述三大维度当中,即认知维度、元认知维度、资源管理维度。

据此,我们认为可以从认知策略、元认知策略以及资源管理策略三个维度来构建听障学生阅读策略体系。其中,认知策略主要包含复述策略、精制策略和组织策略;元认知策略主要包含计划策略、监控策略和调节策略;资源管理策略则主要包含时间资源管理、环境资源管理和情意资源管理三个方面。

(二)问卷题项的编制及施测

1. 问卷题项的编写及格式编排

根据确定的三大维度、九个小维度,在借鉴相关学习策略问卷和阅读策略问卷的基础上,我们编制了"听障学生阅读策略问卷"(初稿)。然后,邀请了部分聋校语文教师、相关专家以及本专业研究生对问卷题项的可读性、内容的相关性以及维度建构的适应性等方面进行评估评价,并对部分题目的表述进行了修改,形成初始问卷。问卷采用 Likert 5 点式评分法,单选迫选形式,从完全不符合到完全符合分别给予 0—4 分的评定,最后计算各维度的平均得分(总分/项目数),得分越高表示策略运用水平越高(具体见附件 1)。

第一:学生基本信息(姓名、性别、年级等)。

第二:指导语。

亲爱的同学:

你好!这是一项关于"学生阅读策略特点"的研究,首先感谢你的参与,你的意见对我们来说非常非常重要!本问卷由许多与你相关的问题组成,共有 72 句话。请你认真读懂每一句话的意思,然后根据该句话与自己的实际情况相符合的程度,在每句话后面的相应数字(0、1、2、3、4)上画"〇"。

每个数字代表的意义如下:

0——表示"我从来不这样做"

1——表示"我很少会这样做"

2——表示"我有时这样做,有时不这样做"

3——表示"我经常这样做"

4——表示"我总是这样做"

第三:正式测题。

2. 问卷的施测

初始问卷编制完后,以部分听障学生(本次测试共有被试65人,其中初高中听障学生29人,大学听障学生36人)为被试进行了预测试,重点考察所编项目对听障学生的适用性,最终确定了65个项目用于第二次测试。

以预测后修订的问卷为施测问卷,选取了南京、长春、徐州等地部分大中专院校和聋校的在校听障学生作为被试进行第二次测试。本次测试以班级为单位,采用整群抽样法抽取了不同类型的听障学生405人,收回有效问卷385份,收回率为95.1%。其中初中学生(7、8、9年级)122人,高中学生95人,大学学生168人;男生216人,女生169人;平均年龄17.79±3.47,听力损失均在70 dB以上。

(三)问卷的心理测量学分析

1. 项目分析

采用两种方法对问卷项目的区分度进行了检验。第一种采用T检验法。以量表总分最高的27%作为高分组,最低的27%为低分组,比较高低两组在每个项目上的得分差异,求得决断值CR,决断值低于3的项目予以删除。第二种采用相关法,计算各题项与量表总分的相关系数,如果相关系数较低($r<0.3$)或未达显著水平($P \geq 0.05$),则说明该题目没有鉴别作用,可以删除。经检测,删除了问卷中区分度较低的8个项目,最后确定的正式问卷共包含57个项目,各维度包含的项目数如表4-3所示。

表4-3 听觉障碍学生阅读策略问卷各维度项目数量

	认知策略维度			元认知策略维度			资源管理策略维度		
	复述	精制	组织	计划	监控	调节	时间管理	环境管理	情意管理
项目数	7	8	6	6	7	7	6	5	5

2. 信度检验

(1) 内部一致性信度。

内部一致性信度反映了问卷内部各项目之间的关联性。系数越高,说明题项之间的内在关联性越强。表4-4分别显示了问卷三个维度和总问卷的Cronbach α 系数,其中,虽然资源管理策略维度的 α 系数较低,但均在理想水平以上。

表4-4 听障学生阅读策略问卷的内部一致性系数

	认知策略	元认知策略	资源管理策略	总问卷
Cronbach α 系数	0.879	0.862	0.771	0.941

(2) 重测信度。

第二次测试3周过后,对曾接受测试的南京某校两个班级的听障学生实施重测,共发放问卷72份,收回有效问卷71份用于分析问卷的稳定性,结果见表4-5。

表4-5 听障学生阅读策略问卷的稳定性系数

	认知策略	元认知策略	资源管理策略	总问卷
稳定性系数(N=71)	0.847	0.875	0.805	0.913

由表4-5可知,听障学生阅读策略问卷三个维度的稳定性系数都在0.8以上,其中总分的稳定性系数更是高达0.913,显示问卷比较稳定,具有较高的外部信度。

3. 效度检验

(1) 内容效度。

本问卷的维度构想和题项编拟是基于理论文献分析、问卷调查和个别访谈几方面综合考虑的,在问卷施测前后多次请相关专家及聋校一线教师进行审查和修订,基本保证了问卷的维度和题项能够涵盖各方面的特征,并具有代表性,因而问卷具有较好的内容效度。

(2) 结构效度。

以问卷的九个分维度作为原始变量进行探索性因素分析,选择主成分分析法作为因素提取的方法,采用最大方差旋转法提取特征值大于1的因素,KMO检验值为0.942,Bartlett球形检验统计量为2 296.347,P=0.000。因素分析的结果显示,特征值大于1的因素共有三个,分别为3.127、1.945和1.713,其解释率分别为37.514%、16.426%和13.265%,累计解释率为67.205%,旋转后的因素负荷矩阵如表4-6所示。由因素分析的结果可知,问卷中的九个小维度可以较好地归并到三个大的维度中,根据先前的问卷架构,这三个维度可分别视为认知策略维度、元认知策略维度和资源管理维度。

表4-6 方差旋转后的因素负荷矩阵

	因素1	因素2	因素3
复述	0.752		
精制	0.821		
组织	0.659		
计划		0.547	
监控		0.623	
调节		0.598	
时间资源			0.532
环境资源			0.463
情意资源			0.479

为进一步验证问卷结构的合理性,我们又考察了问卷各个维度之间以及各维度与总问卷之间的相关系数(见表4-7)。由表4-7可知,问卷中九个小维度与总问卷间的相关明显高于各小维度之间的相关,这表明各维度对总问卷都做出了贡献,而各自又具有一定的独立性,这在一定意义上也说明了问卷具有很好的结构效度。

表 4-7 听障学生阅读策略问卷各维度之间以及各维度与问卷总分的相关系数

	复述	精制	组织	计划	监控	调节	时间资源	环境资源	情意资源	总分
精制	0.505**	1.000								
组织	0.643**	0.676**	1.000							
计划	0.662**	0.688**	0.677**	1.000						
监控	0.650**	0.674**	0.681**	0.706**	1.000					
调节	0.660**	0.699**	0.546**	0.654**	0.677**	1.000				
时间资源	0.683**	0.680**	0.569**	0.658**	0.683**	0.669**	1.000			
环境资源	0.557**	0.558**	0.469**	0.579**	0.551**	0.600**	0.593**	1.000		
情意资源	0.483**	0.387**	0.362**	0.351**	0.358**	0.348**	0.448**	0.382**	1.000	
总分	0.847**	0.847**	0.790**	0.838**	0.837**	0.820**	0.841**	0.746**	0.565**	1.000

注：** 表示 P<0.01

三、讨论与分析

1. "听觉障碍学生阅读策略问卷"的心理测量学特征

本研究在综合国内外众多关于阅读策略研究的基础上，结合对聋校教师及学生的访谈和调查，提出了听障学生阅读策略的构想架构。以此为依据，进行了"听障学生阅读策略问卷"初始项目的编制，并请专家对有关项目进行了审阅。经反复删改分析，最终确定了 57 个项目形成了正式的"听障学生阅读策略问卷"，对问卷信效度的进一步考察表明本问卷具有良好的信效度。

首先，在信度考察方面，我们采用了内部一致性信度、重测信度作为考察指标。检测发现，问卷的这两个信度指标均在理想范围之内，所有系数均在 0.700 之上，且都达到了 P<0.01 的显著性水平，表明本问卷具有良好的信度。在效度考察方面，为检测题项内容是否能真正测出维度构想所包括的内含，我们邀请专家及专业教师对问卷维度及题项进行逐一审阅，并根据修改意见修正了若干不恰当的词句，以此保证了问卷的内容效度。另外，我们还分析了各维度之间以及各维度与总分之间的相关系数。根据心理测量的理论，各个维度之间应该有中等程度的相关，如果相关太高则说明维度之间有重合，有些维度可能并非必要；如果维度之间相关太低，则说

明有的维度可能测的是与所想要测量的完全不同的内容。而且,各维度与总分的相关应高于相互之间的相关,以保证各维度间既有不同,但又测得的是同一特质。从结果分析情况来看,本问卷各维度间的相关完全符合上述标准,说明问卷具有较高的结构效度。

另外,在问卷编制中,因为我们基于前期的定性研究和理论探索已基本明确了问卷的层面结构,并经过相关学者、专家的检验,所以在项目分析结束后,针对剩余的57个题项,我们也尝试在其所属的九个小维度上进行了分层面探索性因素分析,采用主成分分析法提取主要因素。结果发现,九个小维度层面下采用直接斜交法进行转轴后,全部只能提取出一个因素,这也在一定程度上说明了各维度下面的题项具有因素唯一性。

总之,从对问卷的检验结果,我们可以看出该问卷具有较高的内部一致性和较好的稳定性;其内容效度、结构效度也都达到了问卷设计的基本要求,能够比较准确地反映出听障学生在篇章阅读过程中策略运用的情况。

2. 听觉障碍学生阅读策略的心理结构分析

阅读策略的结构同学习策略一样,呈现多维化和多层次化的特点,这是当代学者已达成的共识。本研究通过前期的访谈研究并结合文献分析的结果,认为可以从认知策略、元认知策略以及资源管理策略等维度来构建听障学生的阅读策略体系,这一观点既与前人的相关研究成果(Mckeachie,1990;O'Malley & Chamot,1990)相吻合,也在后期的问卷编制和开发中得到了进一步的印证。

如前所述,认知策略和元认知策略是策略研究领域普遍认同的术语或观点(O'Malley & Chamot,1990;Dembo,1994;Sheorey & Mokhtari,2001;Mckeachie,1990;刘电芝,1999;杜晓新,2001)。对丧失听力的听障学生来说,他们在阅读过程中使用的策略类型也更多地体现在这两个方面。认知策略直接面向阅读过程,以当前阅读材料及背景知识为加工对象,对其进行选择、提取、加工和贮存,它主要包括复述、精加工(精制)和组织等类型。复述策略是指对阅读材料的维持性言语重复或在选择基础上的保留重复,它是维持注意、保持信息的重要途径和方式之一,例如在重要语句下面画线或做标记、阅读中默读或出声读等；精制策略涉及对阅读材料的有效编码，是指将当前材料与已有知识联系起来，以增进对阅读内容的理解和记忆，如预测、联想、利用已有知识、利用上下文等；组织策略则是指重视阅读材料的组织结构以及文章各部分之间的逻辑关系，它实质上是一种更复杂、更深层次的编码（杜晓新，1997），往往需要阅读者对阅读材料中的重要项目提取后再进行整理归类，并对其关系进行组织，然后在信息间建立语义上的联系等。具体在阅读过程中，可以表现为做概括、列提纲等策略。

元认知策略用于评价、管理、监控认知策略的使用，主要指读者能积极监控自己的阅读过程，能够在必要的时候采取适当补救策略，或调整策略去解决阅读中出现的问题，它包含计划策略、监控策略和调节策略三个方面。计划策略是对即将进行的阅读活动进行策划时所使用的策略，如"在阅读前我有明确的目的""我决定哪些地方要仔细阅读、哪些地方略读"等；监控策略是指读者对自己阅读活动进程和效果的评估，以及对自己策略使用情况的了解和把握，如"阅读中能清楚地知道自己对内容的理解情况""能意识到自己理解方面的错误"等；调节策略则是针对局部性的问题，或是根据内容的发展及时进行调整的策略，也可以说是读者根据监测得到的结果，对阅读活动采取适当的矫正性或补救性措施，如"对不太理解的地方重读、回读""根据所读材料的难度调整自己的阅读速度"等。

在 Mckeachie 等人（1990）关于学习策略的分类中，他们提出了学习资源管理策略的概念，成绩优秀的学生使用这些策略帮助他们适应环境、调节环境以迎合自己学习的需要。在阅读过程中，也同样需要对这些资源进行有效地管理和使用。在对听障学生的访谈过程中，笔者也发现很多学生提及的阅读策略其实就属于这个范畴，如有的学生说"要提高阅读效率，应充分利用好阅读时间""对阅读应该感兴趣""不能灰心""遇到困难可以向别人求助"，等等。所以，借鉴 Mckeachie 等人的观点，我们认为在认知策略和元认知策略之外，听障学生的阅读策略同样包含资源管理策略这一类型，其中又涉及对时间资源的管理和利用、对环境资源的管理和利用，以及对自我情意资源的管理和利用等。

四、结论

（1）听障学生阅读策略可以从认知策略、元认知策略、资源管理策略三个维度来进行考察。其中，认知策略又包含复述、精制、组织策略等类型；元认知策略包含计划、监控、调节三种策略；资源管理策略包含时间资源管理、环境资源管理和情意资源管理等。

（2）"听障学生阅读策略问卷"由 57 个题目组成，采用 likert 5 点式计分，分为认知策略、元认知策略、资源管理策略三个维度。

（3）"听障学生阅读策略问卷"的内部一致性信度、重测信度均达到较高水平、效度可靠，可以作为对听障学生阅读策略运用情况进行评估的可靠工具。

第二节　听觉障碍学生阅读策略运用状况调查

前面通过文献梳理及对听觉障碍学生的访谈，并借助问卷分析的方法，探讨并印证了听障学生的阅读策略至少包含认知策略、元认知策略以及资源管理策略三个方面的基本维度。那么，在具体阅读过程中，这些学生的策略运用表现出怎样的特点？他们的阅读策略是否存在年级差异和性别差异？对这些问题的考察，有利于我们更准确地把握听障学生的阅读特点，也可以为提高阅读策略教学的有效性和针对性提供依据。

一、研究目的

运用前期编制的"听觉障碍学生阅读策略问卷"，对不同年级、不同性别听障学生在阅读中的策略运用状况进行考察，了解听障学生阅读中策略运用的基本特点，并比较不同类型学生阅读策略运用的差异，以进一步拓展与深化阅读策略理论，同时也为聋校策略教学的有效开展提供参考及依据。

二、研究方法

1. 被试的选取

以 7 年级以上智力正常、听力损失在 70 dB 的在校听障学生为被试,选取江苏、安徽等地 8 所聋校及聋人高等专科学校学生。所选被试按年级分为三个阶段:7、8、9 年级定义为初中阶段,高中和职高定义为高中阶段,大学(含专科)定义为大学阶段。本研究共发放问卷 380 份,收回有效问卷 359 份,收回率为 94.47%。被试的基本情况见表 4-8。

表 4-8 听障学生阅读策略特点研究被试情况表

	初中(7、8、9 年级)	高中	大学	总计
男	67	45	76	188
女	59	45	67	171
总计	126	90	143	359

2. 测量工具

采用自编的"听障学生阅读策略问卷"对被试进行测试。问卷为 likert5 级计分,每个题项由"从不这样做"到"总是这样做"五个等级,依次分别记为"0、1、2、3、4"分。最后计算各维度的平均得分,得分越高表示策略运用水平越高。

3. 施测过程及数据分析

施测时采用团体测试,由任课教师将问卷发给被试,请学生严格按指导语填写问卷,填答完毕后当场回收。回收后的问卷以 SPSS 17.0 统计软件进行建库并进行数据分析。

三、研究结果

1. 听觉障碍学生阅读理解中的策略运用整体状况

为了解听障学生在阅读理解过程中的策略运用整体状况,我们对所有样本被试各维度的总体得分情况进行了比较,具体分数见表 4-9。

表4-9 听障学生阅读策略各维度总体得分情况

	认知策略	元认知策略	资源管理策略	策略总分
M	2.03	1.94	2.01	1.99
SD	0.59	0.62	0.54	0.53

(注：M为平均值；SD为标准差)

由表4-9可知，听障学生在阅读过程中的策略运用状况整体偏低，策略总分平均值仅为1.99分，低于中值2，说明绝大多数学生在平时的阅读过程中并不善于使用各类阅读策略。在三类具体策略的运用方面，得分最高的为认知策略，其次为资源管理策略，分数最低为元认知策略。

为了进一步考察和比较听障学生对三种策略维度下各分策略的运用情况，笔者对这些分项目的得分进行了分析，图4-1显示了听障学生在9种具体策略运用上的得分情况。从图4-1中我们可以直观地看出，在各类阅读策略中，听障学生用的最多的策略为复述策略，其次为元认知策略中的调节策略，第三位是情意资源管理策略，这三种策略的平均得分均超过中值2；而用得最少的三种策略依次为监控策略、计划策略和组织策略。

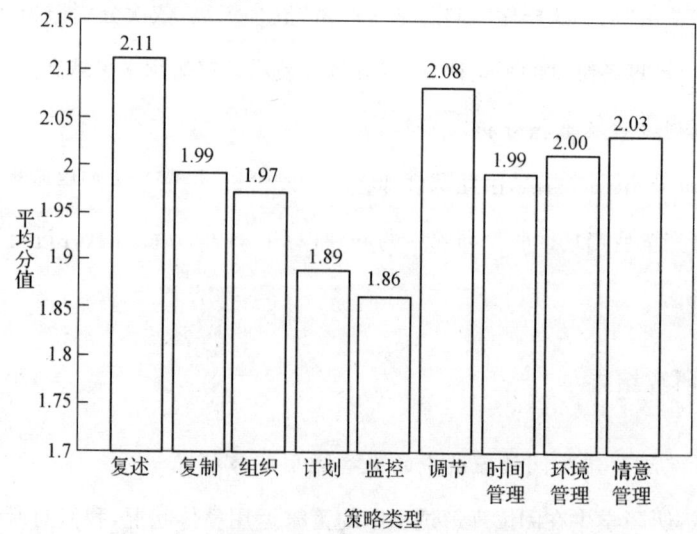

图4-1 听障学生在各类阅读策略上的得分情况

2. 不同类型听觉障碍学生阅读策略运用的差异性分析

(1) 听觉障碍学生阅读策略运用的年级差异。

表4-10 不同年级听障学生阅读策略三维度及策略总分上的差异性比较(M±SD)

	认知策略	元认知策略	资源管理策略	策略总分
初中组	1.77(0.70)	1.63(0.67)	1.81(0.68)	1.74(0.65)
高中组	1.93(0.41)	1.84(0.38)	1.91(0.36)	1.89(0.34)
大学组	2.30(0.46)	2.29(0.52)	2.26(0.39)	2.29(0.39)
F	32.93	50.48	28.99	44.08
P	0.00	0.00	0.00	0.00

三个年级段听障学生在各个阅读策略维度上的平均得分及方差分析结果见表4-10。由表4-10可知，不同年级听障学生在认知策略、元认知策略、资源管理策略以及策略总分上均存在显著的差异。进一步的分析表明，大学阶段听障学生在这几个维度上的得分都要显著高于初中和高中阶段听障学生，$P<0.01$；而初中阶段听障学生和高中阶段听障学生仅在元认知策略维度上存在差异($P<0.05$)，而在其他方面不存在显著差异。

为了进一步了解不同年级听障学生在阅读策略三个因素中的具体差异，我们将他们在三因素中的九个维度的得分进行了一一比较，见表4-11。单因素方差分析表明，在这九个维度上，年级变量间都存在显著差异(除情意资源管理维度$P<0.05$外，其他维度P值均小于0.01)。事后分析显示，造成这种差异的最主要原因是大学组听障学生在各维度上的分值均要显著高于高中组和初中组，而高中组和初中组听障学生之间的差异主要体现在组织策略($P<0.05$)、计划策略($P<0.01$)、监控策略($P<0.05$)三个维度上，而在其他策略的运用方面并不存在显著差异。

表 4-11 不同年级听障学生在阅读策略问卷分项目中的得分及差异性比较

		初中组	高中组	大学组	F
认知策略	复述	1.90(0.70)	1.96(0.51)	2.37(0.54)	24.41**
	精制	1.70(0.80)	1.87(0.52)	2.32(0.66)	29.17**
	组织	1.72(0.79)	1.95(0.56)	2.22(0.58)	19.52**
元认知策略	计划	1.57(0.73)	1.85(0.54)	2.21(0.63)	33.56**
	监控	1.51(0.73)	1.77(0.47)	2.23(0.71)	39.07**
	调节	1.81(0.74)	1.89(0.42)	2.44(0.53)	43.04**
资源管理策略	时间管理	1.69(0.76)	1.84(0.53)	2.36(0.54)	42.17**
	环境管理	1.81(0.79)	1.95(0.52)	2.15(0.54)	18.49**
	情意管理	1.93(0.78)	1.94(0.58)	2.14(0.53)	4.68*

（注：* P<0.05；** P<0.01）

(2) 听觉障碍学生阅读策略运用的性别差异。

表 4-12 显示了不同性别听障学生在认知策略、元认知策略、资源管理策略以及策略总分上的平均得分及差异性检验结果。由分析结果可知，女生在阅读策略运用方面的总体水平优于男生，在三个维度及总分上的平均分值均高于男生，而且在资源管理策略维度和策略总分上体现出显著性差异（P<0.05），在元认知策略维度上，两者之间的差异接近临界显著水平（P=0.052）。

表 4-12 不同性别听障学生阅读策略三维度及策略总分的差异性检验

	认知策略	元认知策略	资源管理策略	策略总分
男生	1.97(0.61)	1.87(0.65)	1.95(0.56)	1.93(0.57)
女生	2.08(0.56)	2.01(0.59)	2.08(0.51)	2.06(0.52)
t	1.77	1.95	2.41*	2.18*
P	0.078	0.052	0.017	0.030

（注：* P<0.05；** P<0.01）

为了探明不同性别听障学生在哪些具体策略的运用方面存在差异，笔者对两组被试在阅读策略问卷各分项目中的得分进行了差异性 t 检验，结果见表 4-13。

由分析结果我们可以看出,不同性别听障学生在具体阅读策略使用中的差异主要体现在组织策略($P<0.05$)、调节策略($P<0.05$)、情意资源管理策略($P<0.01$)三个方面,其中尤以情意资源管理策略为甚,而在其他方面的策略上并没有达到显著性的差异水平。

表4-13　不同性别听障学生在阅读策略问卷分项目中的得分及差异性比较

		男生	女生	t	P
认知策略	复述	2.08(0.65)	2.13(0.61)	0.86	0.38
	精制	1.94(0.77)	2.05(0.69)	1.46	0.146
	组织	1.89(0.69)	2.06(0.68)	2.22*	0.027
元认知策略	计划	1.85(0.72)	1.95(0.67)	1.47	0.141
	监控	1.79(0.72)	1.93(0.75)	1.76	0.079
	调节	2.01(0.69)	2.15(0.61)	1.97*	0.050
资源管理策略	时间管理	1.95(0.72)	2.05(0.65)	1.34	0.182
	环境管理	1.97(0.68)	2.09(0.64)	1.85	0.066
	情意管理	1.93(0.64)	2.11(0.65)	2.69**	0.007

(注:* $P<0.05$;** $P<0.01$)

四、讨论与分析

1. 关于研究对象的确定与分组

在本研究中,我们确立的研究对象为7年级以上的在校听障学生,并依据年级层次分别划分为初中阶段、高中阶段和大学阶段。这样选择的依据是因为阅读策略的习得和掌握对阅读者来说是一种较高层次的要求,它与阅读能力的高低有着非常密切的关系,其发展在很大程度上受到阅读者知识水平、阅读经验的影响。有调查研究发现(周龙兴,1999),对小学阶段健听学生来说,3—5年级是阅读策略发展的关键时期,3年级处于策略应用较迟钝的发端期,4年级则处于发展较快的阶段,5年级处于质变期。对听障学生来说,多方面的因素导致了他们的阅读能力普遍低于听力正常学生3—4个年级水平,甚至有研究认为他们的阅读能力最终也仅能停留在小学6年级左右的水平。鉴于此,本研究中确定的被试从7年级开始,就其实际阅读能力来说,大概相当于小学3—4年级的水平,正是处于阅读策略发展的起始和关键阶段;另一方面,由于听障学生的阅读能力发展相对迟缓(Trybus & Karchmer, 1977),年级之间的差异表现可能并不明显,所以在研究中我们增大了年级跨度,合并设立了三个年级测试组,以期能够发现听障学生在策略发展方面的特点。

2. 听觉障碍学生阅读过程中策略运用的整体情况分析

从调查结果来看,听觉障碍学生在阅读过程中策略运用的整体水平偏低,策略总分均值仅为1.99,还达不到中值2的水平,说明绝大多数学生在平时的阅读过程中并不善于使用各类阅读策略。我们认为,造成这种现象的原因是多方面的。首先,听障学生自身的阅读能力低,阅读发展缓慢是一个方面,很多学生特别是低年级学生仍处于阅读发展的低级阶段,他们的阅读更多地还是停留在对字词的解码、词义的获取这一阶段上,根本顾不上理解策略的使用;另外,导致调查结果偏低的另外一个原因可能和听障学生自我评价以及自我知晓感(self-assessment and feeling of knowing)偏低有关。Ewodlt等人的研究发现(Ewodlt, 1986; Ewodlt, Israelite & Dodds, 1992),这些学生在访谈中表述的阅读策略和他们在阅读中实际运用的策略存在很大差异,体现出明显的不一致。听障学生的这一特点是否会影响到调查的结果,有待进一步的考察。

另外,我们认为导致听障学生阅读策略整体水平偏低的最主要的原因是缺乏正规科学的策略训练。先前的研究(曾祥敏,2008)表明,儿童并不能自行有效地使用阅读策略,阅读策略指导是教会学生成功掌握和运用策略的可行手段。而根据笔者的了解和观察,积极实施阅读策略教学的聋校并不普遍,这也是今后聋校语文教学中亟待加强的重要内容。

从策略运用的具体类型来看,不同维度的阅读策略在运用频次上也表现出差异。总体而言,听障学生在阅读策略的运用过程中,对相对简单的、低层级的策略运用较多,而对高层次的策略运用较少。从调查结果来看,听障学生用的最多的策略为复述策略。作为一种认知策略,从信息加工的观点看,复述策略只作用于认知过程的初级阶段,刚刚开始涉及对阅读信息的加工(杜晓新,1999),属于比较低层级的策略,所以能被听障学生比较普遍地加以利用。而其他涉及更复杂、更深层次编码的策略(如组织策略、元认知策略等),因为需要读者具备较好的概括和把握整体的能力,则发展得较为迟缓。综合阅读策略的三大维度,我们可以看出听障学生对元认知策略运用得最差,而认知策略和资源管理策略运用得相对较多,这也充分体现了听障学生阅读策略发展的不均衡性。

3. 听觉障碍学生阅读过程中策略运用的年级差异

从听障学生阅读策略运用的年级差异来看,初中阶段的学生得分最低,大学阶段的学生得分最高,大学听障学生在阅读过程中运用策略的能力显著高于初中组和高中组的学生,这一点在不同维度的策略层面上都有所体现。对于听障学生而言,该结果反映了他们的阅读策略水平确实在随着年级的增长而提高,只不过提高的速度比较缓慢,高中组和初中组的差异达不到显著性的水平。我们认为,这种能力的提高和学生阅读能力的提高相一致。随着学生年级的升高,阅读经验的增加和已有知识经验的丰富,他们的阅读技能和策略也可以得到进一步的提升。正如Myers和Paris(1978)在研究中发现的那样:年长的儿童较年幼的儿童更能意识到影响阅读的有关因素,并能更多地应用有助于理解的阅读策略。

值得关注的是,对于听障学生而言,由于他们整体阅读水平较低,阅读发展能力滞后,其阅读策略发展的关键期可能在初中以后的阶段,这才使得大学组被试与其他两组被试之间的差异如此显著,这比以普通儿童为被试所得到的结论要滞后一段时期(曹锋,朱曼殊,1989;周龙兴,1999)。不过龚少英(2003)在一项对普通学生的阅读理解元认知能力进行的研究中,发现中学生的阅读理解元认知迅速发展,随着年级的升高而提高,至高二才能达到比较稳定的水平。

4. 听觉障碍学生阅读过程中策略运用的性别差异

研究发现,听障女生在阅读策略的运用方面总体水平优于男生,在三个维度及总分上的平均分值均高于男生,而且在资源管理策略维度和策略总分上体现出显著性差异。具体到各项分策略而言,这种差异最主要体现在组织策略、调节策略、情意资源管理策略的运用方面。这一结果和前人研究的一些结果是一致的。在 Sheorey 和 Mokhtari(2001)以普通美国大学生为被试所做的一项调查中,他们发现美国女生的阅读策略使用率要大大高于男生。在以"斯坦福成就测验"为工具对听障男性和听障女性所进行的一项研究中,Kelley(1996)发现女性在"概括段落大意"分测验中的得分显著高于男性,这也显示出她们具有更好的组织概括能力。

五、结论

(1) 听觉障碍学生在阅读过程中策略运用的整体水平偏低,大多数学生在平时的阅读过程中并不善于使用阅读策略。

(2) 在各类阅读策略中,听障学生用的最多的三种策略为复述策略、调节策略、情意资源管理策略;而用的最少的三种策略依次为监控策略、计划策略和组织策略。

(3) 不同年级听障学生在阅读策略的运用方面具有明显差异,大学阶段学生明显优于高中阶段和初中阶段学生。

(4) 不同性别听障学生在阅读策略的运用方面具有一定差异,听障女生策略运用的总体水平优于听障男生。

第三节 不同阅读水平听觉障碍大学生认知灵活性的特点研究

认知灵活性(cognitive flexibility)是个体执行功能的主要成分。执行功能是指在完成复杂的认知任务时,对各种认知过程加以协调,以保证认知系统以灵活、优化的方式实现特定目标的一般性控制机制;而认知灵活性则体现为个体调整认知加工策略以适应新的或无法预测的环境变化的能力。

在阅读领域,认知灵活性与阅读技能之间的关系是研究者关注的重点之一。Cartwright 采用一般和特殊领域多维度分类任务,考察了 7—11 岁儿童认知灵活性与阅读理解的关系,结果显示认知灵活性可以作为预测儿童阅读理解水平的显著指标。国内学者闫嵘、俞国良等(2006)对阅读困难儿童和对照组儿童进行对比测试,结果也发现认知灵活性与儿童汉语识字量和阅读理解水平之间均存在显著相关;普通儿童认知灵活性总体水平显著高于阅读困难儿童。还有一些研究也表明,对认知灵活性的干预训练能够有效地促进儿童阅读理解水平的提高。

一、研究目的

基于认知灵活性与个体阅读技能之间的密切关系,能否从认知灵活性提升的角度加强对听障学生的训练,以提高其阅读水平?我们认为这样的探索极有必要。但是从现有研究来看,专门针对听障学生认知灵活性特点进行的研究并不多,仅有的一些研究多是从执行功能的角度对听障儿童和健听儿童的差异进行了比较与分析。多数结论认为听障儿童的执行功能落后于健听儿童,存在发展的滞后,继而推测这些听障儿童的计划或灵活性可能存在缺陷。

也有研究发现在心理的灵活性方面这两类群体不存在差异。Surowiecki 等人(2002)使用内外维度测验法考察了 48 名 4—15 岁的听障儿童和健听儿童的认知灵活性,结果显示听障儿童和健听儿童不存在差异。那么,在执行功能的认知灵活性方面,听障儿童和健听儿童究竟有无差别,不同研究结论的差异是否与不同类型的测验任务有关,这些问题有待进一步深究。此外,在当前研究中,多以听障幼儿或低年龄段儿童为研究对象。作为执行功能的主要成分,认知灵活性的发展呈现出阶段性的特征,对处于稳定期的年长听障学生进行考察,可能更有利于我们把握这一群体的特征。

基于上述考虑,我们选取了不同阅读水平的听障大学生以及同龄健听组被试作为研究对象,比较了他们在"威斯康星卡片分类测验""连线任务测验"及"语音—

语义灵活性测验"中的差异,并就结果进行了分析,以期能为更准确地认识听障学生群体认知灵活性的特点提供参照。

二、研究方法

1. 被试的选择

采用自编的阅读理解测验[①]对南京某高校 2 年级听障大学生群体进行施测,并结合学生第一学年大学语文的考试成绩进行被试选择,两部分成绩均在前 30% 者定为高阅读水平者,后 30% 者为低阅读水平者。最终选取高阅读水平者 23 人,低阅读水平者 23 人;其中,男生 21 人,女生 25 人;平均年龄 20.36 岁;听力损失程度均在 70dB 以上。另外,随机选取听力正常学生 23 人作为对照组,其中男生 9 人,女生 14 人,平均年龄 19.87 岁。所有被试此前均未参加过类似实验。

2. 评定工具

(1) 威斯康星卡片分类测验(Wisconsin Card Sorting Test,简称 WCST)。

"威斯康星卡片分类测验"的最早版本是由 Berg(1948)设计并制作的,用以评定普通成人的抽象思维及其思维的灵活转换能力,后经过 Heaton(1981) 等人加以扩充和发展,目前已成为测量个体认知灵活性水平的经典测验。国内学者刘哲宁根据中国人特点进行了修订,信度与效度都达到了标准。本研究采用了简化的计算机版本(WCST-64),有研究显示它与完整版本拥有相似的效果。测验中,被试根据提供的四张模板卡片(分别为一个红三角形,两个绿五星形,三个黄十字形和四个蓝圆形)对应答卡片进行分类,这些卡片由不同颜色(红、黄、绿、蓝)、不同形状(三角形、五角星形、十字形、圆形)和不同数量(1—4)随机构成,共 64 张。被试需要判断随机呈现的测试卡片与哪张模板卡片是对应的,并点击相应模板卡片。每判断一次,电脑给予反馈"对"或"错",但不给被试任何有关分类原则的提示。当被

[①] 包含四篇短文,每篇长度约 500 字,要求被试根据文章内容的理解进行单项选择题的回答,共 20 个题目,以回答的正确率作为最终得分。测验编制过程中邀请了 10 名听障大学生及任课老师对短文难易程度进行了从 1—10 的等级评定,所选短文难度在 5—6 之间,难易适中;本测验内部一致信度为 0.92,重测信度为 0.90。

试连续 10 次判断正确后,在其不知情的情况下转换分类原则继续测验,直到完成正确分类 6 次或做完全部 64 次。本研究选取正确应答数、完成分类数、持续性错误数、随机错误数作为测验指标。

(2) 连线测试(Trail Making Test,简称 TMT)。

"连线测试"是 Halstead-Reitan 成套神经心理测验中的一个分测验,主要用以测查个体的注意力、次序排列、灵活性、视觉搜索和运动功能,该测验是当前最常用的神经心理学测验之一,具有良好的信效度。这个测试分为两部分:在 A 部分 22 个数字随机写在一张 8 cm×11 cm 大小的纸上,要求被试将这些数字按照大小顺序依次连线;在 B 部分,纸张上写有数字 1—11 和字母 A—K,要求被试在数字和字母之间进行持续转换地连线(即:1→A→2→B……)。考察指标为 A、B 两部分的连线时间以及转换时间(B 部分时间减去 A 部分时间)。

(3) 语音—语义灵活性测验。

该测验是针对阅读领域的多维度分类测验,参照 Cartwright(2002)的研究,并根据齐冰等人的材料进行了修订。本研究中,该测验显示出良好的效标关联效度,与其他测验指标的相关性十分显著;本测验指标的内部一致性系数在 0.82—0.87 之间。测验共包含 5 组卡片,1 组用于练习,4 组用于测验。每组卡片又包括可以同时根据词语首字声母和词义两个维度进行区分的 12 张词卡。任务是要求被试同时根据词语的首字声母和词义两个维度将每组 12 张词卡放入 2 cm×2 cm 矩阵纸中。实验时,依次将 4 组打乱的词卡随机呈现给被试,要求被试进行分类摆放,完毕后,要求被试口头陈述摆放原因。测验过程中记录下被试卡片摆放所用的时间,并对分类的准确性进行记录。计分标准为:如果卡片摆放与口头说明均正确,记 3 分;如果卡片摆放错误,口头表达正确,记 2 分;如果摆放正确,口头表达错误,记 1 分;如果两项都错,记 0 分。被试分类的准确性总分除以分类平均速度即为 GSF 分数,该值越大,说明被试的灵活性水平越高。

3. 实施过程

测验要在安静的实验室内进行,所有被试均按照统一的指导语,以固定顺序依次进行"威斯康星卡片分类测验""连线测验"、"语音—语义灵活性测验",听障学生组配备手语翻译一名。每项测验进行时,都要通过试测让被试掌握实验要求,在确保其准确理解实验要求后再开始正式测试。全部测验时间大约为30分钟,为减少疲劳效应,每个测验完成后略作休息。

4. 数据处理与分析

全部测验完成后,采用SPSS17.0对数据进行录入并进行后期比较分析。

三、研究结果

1. 不同阅读水平听障学生及健听学生在认知灵活性任务中的差异

(1) 不同组别被试在"威斯康星卡片分类测验"中的差异性分析。

各组被试在威斯康星卡片分类任务中的得分情况如表4-14所示。以各项指标为因变量,组别类型为自变量做单因素方差分析,结果显示,除随机错误数指标差异不显著以外,三组被试在其他各个指标中均存在显著性差异。

表4-14 不同组别被试在威斯康星卡片分类测验中的得分及差异性分析

	高阅读水平听障组	低阅读水平听障组	健听组	F
完成分类数	2.26(1.05)	1.82(1.27)	3.04(1.15)	6.51**
正确应答数	41.39(7.33)	38.35(8.83)	45.87(6.35)	5.74**
持续性错误数	16.35(5.26)	18.00(5.27)	12.87(4.94)	5.93**
随机错误数	6.26(3.85)	7.95(6.15)	6.13(4.68)	0.96

(注:① 括号内为标准差。② * $P<0.05$;** $P<0.01$)

LSD事后分析表明:在完成分类数、正确应答数和持续性错误数三个指标上,健听组被试与高阅读水平听障组和低阅读水平听障组之间均存在显著差异,健听被试在前两个指标上的得分要明显高于两个听障组(健听组与高水平听障组:$P<0.05$,$P<0.05$;健听组与低水平听障组:$P<0.01$,$P<0.01$),而持续性错误数明显低于两个听障组($P<0.05$;$P<0.01$);但高低阅读水平的两个听障组在这些指标

上均不存在显著差异。

（2）不同组别被试在"连线测验"中的差异性分析。

不同被试在"连线测验"任务中的得分如表4‑15所示。单因素方差分析结果显示，不同组别被试在A、B两部分的连线时间及转换时间上均存在显著性差异（F=3.77，P<0.05；F=7.90，P<0.01；F=3.90，P<0.05）。

表4‑15 不同组别被试在连线测验中的得分及差异性分析

	高阅读水平听障组	低阅读水平听障组	健听组	F
连线A时间	38.42(16.36)	43.14(18.71)	30.88(9.09)	3.77*
连线B时间	66.79(24.54)	73.71(23.97)	49.73(12.38)	7.90**
转换时间	28.36(18.38)	30.57(15.32)	18.85(10.66)	3.90*

（注：① 括号内为标准差。② *P<0.05；**P<0.01。）

进一步分析表明，健听组学生在这三个指标上与两个听障组学生存在显著性差异（健听组与高阅读水平听障组：P<0.05，P<0.05，P<0.05；健听组与低阅读水平听障组：P<0.01，P<0.01，P<0.01），健听被试在连线测验中所用时间明显少于听障组被试；但两个听障组被试之间并不存在显著差异。

（3）不同组别被试在"语音—语义灵活性测验"中的差异性分析。

不同被试在"语音—语义灵活性测验"中的得分如表4‑16所示。单因素方差分析结果显示，三组被试在分类准确性、分类时间和GSF分数三个指标上的差异均达到显著性水平。

表4‑16 不同组别被试在语音—语义灵活性测验中的得分及差异性分析

	高阅读水平听障组	低阅读水平听障组	健听组	F
准确性	10.22(1.68)	7.57(2.37)	11.39(0.94)	28.44**
分类时间	36.71(12.27)	55.84(20.66)	22.05(4.40)	33.18**
GSF分数	0.32(0.15)	0.17(0.12)	0.53(0.10)	49.16**

（注：① 括号内为标准差。② *P<0.05；**P<0.01。）

在准确性和分类时间指标上,因为方差不齐性,我们用Tamhane法进行了调整,结果表明:在分类准确性上,健听组被试均显著优于高低阅读水平的两个听障组($P<0.05$,$P<0.01$),高阅读水平听障组的成绩也明显优于低阅读水平听障组($P<0.01$);在分类时间上,健听组所用时间明显少于高低阅读水平的两个听障组($P<0.01$,$P<0.01$),高阅读水平听障组明显少于低阅读水平听障组($P<0.01$)。在GSF分数上,LSD事后分析表明,健听组被试明显高于两个听障组($P<0.01$,$P<0.01$),两个听障组之间也存在显著差异,高阅读水平组明显高于低阅读水平组($P<0.01$)。

2. 不同性别听障学生认知灵活性的特点比较

表4-17 不同性别听障大学生在各测验中的得分情况及t检验结果

	男生(N=21)	女生(N=25)	t
完成分类数	1.85(1.23)	2.20(1.12)	−0.98
正确应答数	38.85(8.87)	40.72(7.61)	−0.77
持续性错误	17.62(5.23)	16.80(5.38)	0.52
随机错误数	7.76(6.26)	6.56(4.03)	0.78
连线A时间	41.88(14.01)	37.58(15.96)	0.96
连线B时间	76.42(21.31)	64.73(19.49)	1.68
转换时间	34.53(20.99)	27.15(14.45)	1.40
准确性	8.42(2.61)	9.28(2.24)	−1.19
分类时间	49.70(18.52)	43.39(19.99)	1.10
GSF分数	0.21(0.15)	0.27(0.16)	−1.20

表4-17显示了不同性别的听障大学生在三个认知灵活性测验中的得分情况。总体来看,听障女生在各项测验中的表现情况要优于男生,但从独立样本t检验的结果可知,两者之间并不存在统计学上的显著差异。

3. 不同认知灵活性测验任务指标的相关性分析

表 4-18　被试各项认知灵活性测验指标的 pearson 相关系数

	完成分类数	正确应答数	持续性错误	随机错误数	连线 A 时间	连线 B 时间	转换时间	准确性	分类时间
正确应答数	0.766**								
持续性错误	-0.698**	-0.822**							
随机错误数	-0.381**	-0.629**	0.174						
连线 A 时间	-0.242*	-0.286**	0.189	0.213					
连线 B 时间	-0.348**	-0.437**	0.346**	0.281*	0.682**				
转换时间	-0.272*	-0.356**	0.314**	0.205	0.596**	0.793**			
准确性	0.433**	0.460**	-0.458**	-0.204	-0.232*	-0.418**	-0.376**		
分类时间	-0.456**	-0.472**	0.384**	0.302**	0.411**	0.417**	0.225*	-0.707**	
GSF 分数	0.450**	0.451**	-0.421**	-0.213	-0.373**	-0.453**	-0.306**	0.826**	-0.876**

对各项认知灵活性测验指标的关系进行相关性分析,结果如表 4-18 所示。由表 4-18 可知,在研究所用的三个认知灵活性测验中,各测验内部指标之间的相关性均十分显著;在不同测验之间,除个别指标(如随机错误数、连线 A 时间)与其他指标的相关度较低外,其他大部分指标相关性也比较显著,相关系数 r 在 0.225—0.472 之间。

四、讨论与分析

1. 听障学生认知灵活性的总体水平显著低于健听学生

从研究结果来看,听障大学生的认知灵活性确实与健听学生存在显著差异,他们的灵活性水平要明显低于健听学生。在三项认知灵活性测验中,健听学生都比听觉障碍学生表现出更优异的成绩,他们在各项指标上的得分都显著高于听障组学生。具体到测验过程中,可以看到听障组大学生的行为计划与组织能力差,当任务标准改变时,他们不能迅速切换注意抑制先前信息,表现出很顽固地犯同样的错误,缺乏灵活性。这一结论同先前诸多关于听障儿童执行功能显著落后于健听儿童的研究结果是一致的。

虽然执行功能一般被划分为抑制控制、工作记忆、认知灵活性几个维度,但就实质而言,认知灵活性是将工作记忆中的内容根据需要灵活地加以转换的能力,其中既包括抑制控制,又包含工作记忆,因此它属于工作记忆和抑制控制混合的执行功能。2006年,李一员等在控制年龄因素的基础上使用维度卡片分类任务比较听障儿童与健听儿童的执行能力,结果发现健听儿童在4—4.5岁时执行能力进入迅速发展期,而听障儿童在6岁时才有快速发展,到7岁的时候才能相当于健听儿童5岁的发展水平,总体上发展水平大约滞后2年。研究者指出这种滞后或许与听障儿童的认知灵活性缺陷有关。而在抑制功能和工作记忆的表现方面,听障儿童同样也落后于健听儿童。Berta(2008)等人在对听障学生和健听学生的比较研究中发现,他们在完成日夜stroop抑制任务、卡片分类任务时需要比健听儿童更长的时间来抑制先前的优势反应,反应的潜伏时间更长。Pisoni(2008)等人的研究则发现8—9岁听障儿童在WISC-Ⅲ的数字广度测验上的平均得分显著低于健听儿童,预示着听障儿童工作记忆的储存和保持功能发展受损。这些落后都有可能影响听障学生认知灵活性的整体发展水平,导致认知不灵活,而这种影响也将会是长期的,一直持续到听障儿童的青年期乃至成人期。

此外,听障学生认知灵活性水平低下或许与其听觉和语言的剥夺有着更直接的关系。一段时期的听觉和语言剥夺会破坏周围的神经系统的发展。因为神经系统之间的联系非常紧密,这种损害不单发生在听觉和言语区域,也会损坏其他神经区域。作为执行功能主要成分的认知灵活性,它的生理机制与大脑前额叶有关。Wolff(1990)等通过脑电图的研究发现听障儿童和健听儿童的前额皮层和左颞额区存在差异,其中左颞额区与语言表达有关,而前额皮层与执行能力的灵活性有关。这两个皮层区域发展较弱预示着听障儿童的语言和认知灵活性发展水平的落后。

2. 不同阅读水平听障学生的认知灵活性存在明显差异

从研究结果来看,不同阅读水平的听障大学生认知灵活性水平存在差异。特别是在"语音—语义灵活性测验"中,高阅读水平的听障学生表现出更高的分类准确性,需要更少的分类时间,其综合分数 GSF 也显著高于低阅读水平的听障大学生。这说明认知灵活性确实与个体阅读技能之间存在密切的关系,这和 Cartwright(2006)、闫嵘(2006)等人早期的研究结果是一致的。Daza(2014)等在最近的一项专门针对听障学生的研究中,也发现高阅读水平的听障学生在选择性注意、工作记忆和执行功能方面显著优于低阅读水平者,表现出更高的灵活性。其实不难理解,在阅读过程中,阅读者需要同时保持并协调书面语言的音、形、义等多种表征,才能实现流畅阅读,这本身就是灵活性的体现,所以灵活性水平高的个体阅读能力才有可能好。

研究中采用三种测验对听障大学生的认知灵活性水平进行了考察,从最终结果来看,不同阅读水平的听障大学生在这三项测验中的差异性表现不同。在"威斯康星卡片分类测验"和"连线测验"中,虽然高阅读水平的听障学生测验结果都优于低阅读水平听障学生,但两者的差异没有达到显著性水平;而在"语音—语义灵活性测验"中,两组被试的差异性非常显著。我们认为,这或许是因为测验任务设置的不同所导致的,这也揭示了以往研究结果中的不一致或许与此有关。从任务设置的角度来看,"威斯康星卡片分类测验"和"连线测验"都属于一般领域的规则转换任务,它们在测验过程中要求被试从一种规则转换到另一种规则,并抑制前一规则对后一种规则操作的干扰;而"语音—语义灵活性测验"则需要被试同时考虑两种或两种以上规则,并在规则间灵活转换,且不能忽视任何一种规则,这属于规则保持的任务,这一过程与阅读理解的认知加工过程更为相似,所以它对个体阅读能力的预测也更加灵敏。从相关性来看,虽然这三类测验的多数指标都存在明显相关,但"语音—语义灵活性测验"考察的是特殊领域的认知灵活性,所以它可以作为预测个体阅读理解能力更加有效的指标。

研究显示,不同性别的听障大学生在三类测验中的得分并无显著性差异,这说明不同性别听障大学生在认知灵活性上并无明显差别,这与齐冰等(2013)人以健听大学生为被试所做的研究结果相一致,在此不做过多讨论。

3. 教育启示

认知灵活性与高效率学习有着非常密切的关系,它是实现高效率学习的重要前提和保障。本研究发现,听障大学生的认知灵活性水平明显低于健听大学生,不同阅读水平的听障学生在语音—语义灵活性上也存在显著差异。Cartwright 开展的系列研究表明,认知灵活性具有一定的可塑性,对语音—语义灵活性的训练可以在一定程度上提升阅读者的灵活性水平和阅读理解成绩。齐冰等人对小学生的研究也发现对小学生语音—语义灵活性的干预会产生较好的干预效果,尤其是对灵活性水平较低的小学生干预效果更明显。这些都提示我们在对听障学生的教育教学过程中,特别是在阅读能力培养过程中,应该积极探索有效的方法,加强对其认知灵活性的训练。在教学实践中应注意使用多种不同方式的表征知识,在多种不同的情境中揭示知识的关联性,使学生对复杂的内容领域形成丰富而灵活的理解。应该注意培养学生学习和运用知识的灵活性,强化学生在不同情境中解决问题的能力,这样不仅有利于其阅读能力的提升,也有利于促进其在其他学科的学习。

五、结论

(1) 听障大学生的认知灵活性水平显著低于健听大学生。

(2) 在"语音—语义灵活性测验"中,不同阅读水平的听障大学生认知灵活性存在显著性差异;高阅读能力者认知灵活性水平更高。

(3) 不同性别的听障大学生认知灵活性水平不存在显著差异。

第五章　听觉障碍学生阅读策略运用的眼动特点研究

眼动技术的发展为我们窥探阅读者在实际阅读情境中阅读的自然流程提供了可能。它可以帮助我们更加深入地考察个体阅读过程的认知规律,准确把握阅读理解的即时加工过程。另一方面,因为读者的阅读模式与阅读目的、阅读条件、阅读材料中的词汇、语法和语义表征等有着十分复杂的关系,通过眼动指标的分析还可以帮助我们理顺这些关系,更准确地了解和把握阅读者的阅读特点及规律。由前面的研究可知,不同类型听觉障碍学生在阅读过程中表现出不同的策略运用特点,个体间存在着较大的差异。那么,对于阅读策略运用能力不同的听障学生来说,他们在阅读过程中的即时加工特点是怎样的?阅读模式间是否存在差异或区别?从眼动参数上是否能发现这些区别?本章将对上述这些问题进行探讨。

第一节　听觉障碍学生在不同阅读条件下的眼动特点研究

在当今的信息时代,阅读是获取信息的最主要途径。如何在最短的时间内获取更多信息是每个人面临的一个实际问题,这也向我们提出了掌握快速阅读技能的要求。而且,阅读有不同的目的,针对不同的阅读目的,阅读者应会采用不同的阅读方式。比如为学习研究而读,应采用精研细读的方式;为消遣娱乐而读,可采用浏览速读的方式……这些都是阅读策略运用的具体表现。对于听觉障碍学生来说,有不同阅读策略运用倾向的个体,在阅读中是否真能表现出这种灵活性,他们在不同阅读条件下的眼动模式是否存在不同,本研究将针对这些问题进行探讨。

一、实验目的

（1）探讨不同阅读策略运用倾向的听障学生在自然阅读条件下的阅读理解成绩及眼动模式是否存在差异。

（2）通过指导语的控制改变阅读要求，考察在快速阅读条件下，不同类型听障学生的阅读理解成绩及眼动模式是否会出现明显变化。

二、研究方法

1. 被试的选择

以南京某专科学院08级、09级听障大学生为待选被试。先用前期编制的"听觉障碍学生阅读策略问卷"对学生进行集体施测，然后根据问卷得分的高低进行排序，排名在前27%的确定为高策略运用组，排名在后27%的为低策略运用组。本实验共选取了高低策略运用组听障学生各20人参与正式实验，其中男生21人、女生19人，平均年龄为18.37 ± 1.18。所有被试均智力正常，矫正视力正常，听力损失在70 dB以上。

2. 实验设计

本实验采用2(被试类型)×2(阅读条件)两因素混合实验设计。其中，被试类型为被试间变量，包含高阅读策略运用倾向和低阅读策略运用倾向两个水平；阅读条件为被试内变量，分为自然阅读条件和快速阅读条件这两个水平。

3. 实验材料

选取语言简练、叙事清晰的三篇叙事文作为阅读材料，其中一篇作为练习阅读材料，另外两篇作为正式实验材料(分别用于自然阅读条件和快速阅读条件)。每篇材料字数约550字，每篇材料后面设计了5道针对文章内容理解的"四选一"型选择题。材料选择及制作完毕后，先请听障班两位语文教师对阅读材料的适用性进行评定，证实阅读材料难度及题目难度均适合所选被试的阅读水平；然后再请三名听障大学生(非实验被试)进行预先阅读，三位学生均表示材料中没有生词、难字,难度适中。

阅读材料确定后,将每篇材料分三屏制作成 JPEG 格式文件,通过 Presentation 刺激呈现软件呈现在分辨率为 1024×768 的 19 英寸显示器上。所有阅读材料选用 32 号宋体字、字间距为 1 磅、行间距为 22 磅。阅读理解测试题目以纸质形式打印在 16K 纸上,每页 5 道题。

4. 实验仪器

本实验采用德国 SMI 公司生产的 iView X RED 型眼动仪。该设备通过固定在刺激呈现电脑显示器下端的红外线摄像头摄取被试眼睛图像,经过 MPEG 编码后送入数据分析计算机进行图像数据采集分析,实时计算出被试眼球的水平和垂直运动的时间、位移距离、速度及瞳孔直径、注视位置等。采样频率为 50 Hz。

5. 实验程序

实验在专门的眼动实验室进行。该实验室具有隔音、隔光等功能,并配备了空调设备,能够保证被试在安静、舒适的环境中进行实验。实验过程中配有主试 2 名:1 名负责操作眼动仪;另 1 名能够熟练使用手语,负责做好对听障被试的实验程序解释工作并分发阅读理解材料。正式实验前,先对负责手势语翻译的主试进行了统一培训,使他们能够熟练掌握实验过程和注意事项。实验过程中采取个别施测方式,具体流程如下。

(1) 让被试熟悉实验室环境,向被试简单地介绍实验的设备以及相关要求。

(2) 被试以最舒服的姿势坐在刺激呈现电脑显示器屏幕正前方,头部距离显示屏约 70 cm,结合 iView 软件的指示适当调整被试位置。

(3) 进行九点校准。向被试呈现校准指导语。整个校准过程中校准刺激的呈现及接受全部由眼动仪自动进行。

(4) 进行预备实验。首先在屏幕上呈现指导语;然后开始呈现练习文章,被试进行阅读,眼动仪同时开始进行记录。被试阅读完后,点击退出程序,眼动仪同时停止记录。

在练习过程中,如果被试按要求读完了文章,要及时对被试给予肯定;如果被试没有按要求阅读,则及时指出。待被试完全明白操作过程后,开始正式实验。

(5) 进行第一篇阅读材料实验。实验前再次进行校准,步骤同(3),校准完毕后呈现正式阅读材料,步骤同(4)。阅读完毕后进行阅读理解测验。主试将事先打印好的测试题目呈现给被试,让被试用纸笔作答。

(6) 进行第二篇阅读材料实验,方法同上。

6. 实验指导语

正式阅读实验时的阅读条件有两种:自然阅读条件和快速阅读条件。这两种实验条件以指导语的形式加以控制。

自然阅读条件的指导语是:

同学,你好!本实验主要想了解你的阅读情况。下面屏幕上将出现一篇文章,请你按平时的阅读习惯进行阅读,时间不限。阅读完后需要回答后面的问题。阅读过程中按任意键向下翻页。注意:在整个实验过程中都需要保持头部和身体不要晃动。

快速阅读条件下的指导语是:

同学,你好!本实验主要想了解你的阅读情况。下面屏幕上将出现一篇文章,请你快速阅读!阅读时间只有 3 分钟。阅读完后需要回答后面的问题。阅读过程中按任意键向下翻页。注意:在整个实验过程中都需要保持头部和身体不要晃动。

为平衡顺序效应,正式实验时,有一半的被试先进行自然条件下的阅读,另一半的被试先进行快速条件下的阅读。

7. 实验分析指标

实验结束后,对实验结果的分析采用了两类指标:一类为阅读理解指标,包括阅读理解成绩、阅读理解速度、阅读理解效率;一类为眼动参数指标,包括注视次数、注视点持续时间、眼跳距离、回视次数等。现分述如下。

(1) 阅读理解成绩(score of reading)。

每篇阅读材料后面有五道"四选一"选择题。每一道题回答正确记为"1"分,回答错误记为"0"分,总分即为阅读理解成绩,满分 5 分。

(2) 阅读理解速度(speed of reading)。

阅读速度指单位时间内的阅读字数,单位为字/分。阅读速度过快会影响阅读理解的完整性和准确性,而阅读速度过慢则易使阅读效率过低。因此,阅读速度的快慢在一定程度上反映了被试阅读能力的高低。

(3) 阅读理解效率(efficiency of reading)。

阅读效率指单位时间内的阅读理解率。单纯地考虑阅读理解成绩或阅读速度,并不能全面地反映被试的阅读效果,而是必须将两者结合起来综合考察。因此,本研究中考虑了阅读效率,计算公式为:

$$阅读效率 = 阅读速度 \times 阅读理解率$$

其中,"阅读理解率"是指被试在阅读理解测试题中答对的问题数和问题的总数之比。

(4) 注视次数(the number of fixation)。

人们在进行阅读时所发生的眼球的连续运动称之为眼跳,两次眼跳之间眼球的相对静止状态称之为注视,一次注视也称为一个注视点。注视次数是指注视点的数量,单位为次。

(5) 注视点持续时间(duration of fixation)。

注视点持续时间是指对一个注视点的平均注视停留时间,单位为毫秒。注视点持续时间的长短反映被试对材料加工的程度。就一个被试而言,时间越长,表明加工越深;对不同被试而言,时间越长,说明加工速度越慢。所以注视时间有不同意义,应该与多个指标一起分析。

(6) 眼跳距离(saccade amplitude)。

眼跳距离是指两个连续的注视点之间的平均距离,通常用视角表示,单位为度。眼跳距离是反映知觉广度的重要指标,它在一定程度上可以反映一次注视内容的多少。眼跳距离大,说明被试一次注视中获得的信息量大。

(7) 回视次数(the number of regressive)。

正常阅读情况下,眼球的运动轨迹是自左而右、从上而下的。当被试的视线出现逆向运动,即眼球从右向左或从下向上运动,眼睛退回到已注视过的内容上时,即为回视。而回视次数是指阅读中发生回视的数量,单位为次。

8. 实验数据的处理方法

以眼动仪自带的 BeGaze 分析软件对数据文件进行分析,获取关于注视点数量、位置、持续时间、眼跳距离、回视次数等参数,然后用 SPSS 17.0 统计软件对实验数据进行统计处理。在实验过程中,有些被试因为某些方面的原因导致眼动距离数据偏移过大,或使眼动仪无法记录到眼动数据,抑或某一时段缺失眼动数据,这些在分析时都应作为无效数据予以剔除。最后实际被试的数量分别为高策略组14 人、低策略组 13 人,共 27 人。

三、研究结果

1. 不同类型听觉障碍学生阅读理解指标的比较

(1) 阅读理解成绩的比较。

不同阅读策略组的听障学生在不同条件下的阅读理解测验成绩如表 5-1 所示。从表 5-1 中可以看出,听障学生理解测验的成绩普遍较低,在满分 5 分的测验中平均得分仅为 1.88 分;高策略组成绩总体优于低策略组。

表 5-1 不同类型听障学生在不同阅读条件下的阅读成绩($M\pm SD$)

	自然阅读条件	快速阅读条件	均 值
高策略组	2.28(0.83)	1.92(0.73)	2.11(0.16)
低策略组	1.85(0.68)	1.46(0.66)	1.65(0.17)
均值	2.07(0.78)	1.70(0.72)	1.88(0.63)

对两组被试在不同阅读条件下的阅读成绩进行重复测量的方差分析,结果表明:阅读条件变量的主效应显著($F=6.488, P<0.05$),被试在自然阅读条件下的阅读成绩显著优于快速阅读条件下的成绩;被试类型变量主效应不显著($F=3.540, P=0.072$);阅读条件与被试类型之间的交互作用也不显著。

(2) 阅读速度的比较。

阅读速度在一定程度上可以反映被试的阅读理解水平。不同阅读策略运用倾向的听障学生在两种条件下的平均阅读速度和标准差见表5-2。

表5-2 不同类型听障学生在不同阅读条件下的平均阅读速度(单位:字/分)

	自然阅读条件		快速阅读条件	
	M	SD	M	SD
高策略组	283.91	44.43	341.21	69.14
低策略组	264.48	27.01	265.43	20.72
均 值	274.56	37.71	304.72	63.86

重复测量的多因素方差分析显示:阅读条件变量的主效应显著($F=10.19$, $P<0.01$);被试类型主效应显著($F=10.37$, $P<0.01$);两者之间的交互作用也非常显著($F=9.54$, $P<0.01$)。进一步的简单效应分析表明,在自然阅读条件下,高策略组和低策略组被试的阅读速度不存在差异,但在快速阅读条件下,两组被试的阅读速度出现显著差异($F=17.61$, $P<0.01$)。

(3) 阅读效率的比较。

表5-3 不同类型听障学生在不同阅读条件下的阅读效率(单位:字/分)

	自然阅读条件		快速阅读条件	
	M	SD	M	SD
高策略组	129.22	51.11	128.33	47.24
低策略组	98.38	40.09	77.25	35.14
均 值	114.37	47.91	103.74	48.62

阅读效率综合考虑了阅读理解成绩和阅读速度两方面的变量,所以它是反映被试阅读理解情况相对更好的一个指标。对不同策略组听障学生在两种阅读条件下的阅读效率进行统计,结果如表5-3所示。方差分析显示,被试类型变量主效应显著,高阅读策略组的听障学生阅读效率显著高于低阅读策略组被试($F=8.13$, $P<0.01$);阅读条件变量的主效应不显著,两者的交互作用也不显著。

2. 不同类型听觉障碍学生阅读理解过程中眼动指标的比较

（1）注视次数的比较。

注视次数体现了阅读过程中读者对文章内容的加工。不同阅读策略组听障学生在不同阅读条件中的平均注视次数及标准差见表5-4。从表5-4中可以直观地看出，高策略组被试在阅读中的注视次数要少于低策略组，快速阅读条件下被试的注视次数要少于自然阅读条件。进一步的方差分析结果显示：被试类型主效应显著（$F=8.43, P<0.01$）；阅读条件主效应显著（$F=20.30, P<0.01$）；两者交互作用显著（$F=11.20, P<0.01$）。

表5-4　不同类型听障学生在不同阅读条件下的平均注视次数（单位：次）

	自然阅读条件		快速阅读条件	
	M	SD	M	SD
高策略组	259.57	35.87	226.21	22.32
低策略组	280.31	37.97	275.38	34.65
均　值	269.56	37.68	223.37	37.82

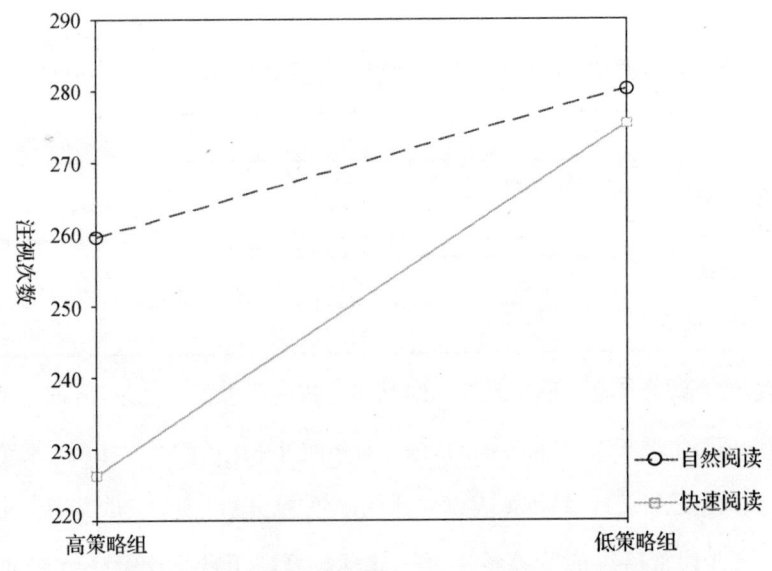

图5-1　被试类型及阅读条件在注视次数上的交互作用

进一步的简单效应分析表明:对于低策略组听障学生来说,无论是在自然阅读条件下,还是在快速阅读条件下,他们的注视次数差异不大;而高策略组听障学生在快速阅读条件下的注视次数要显著少于自然阅读条件($F=26.78, P<0.01$),交互作用情况如图5-1所示。

(2) 注视点持续时间的比较。

表5-5 不同类型听障学生注视点平均持续时间(单位:毫秒)

	自然阅读条件		快速阅读条件	
	M	SD	M	SD
高策略组	311.63	55.86	283.64	42.55
低策略组	335.25	39.32	306.88	39.05
均　　值	323.00	49.18	294.82	41.82

两组被试注视点的平均持续时间如表5-5所示。从表5-5中可见,较之自然阅读条件,被试在快速阅读条件下注视点的持续时间更短,但两组被试之间的差异不大。方差分析的结果证实:阅读条件变量的主效应显著($F=17.21, P<0.01$);被试类型的主效应以及两者的交互作用都不显著。

(3) 眼跳距离的比较。

不同阅读策略运用倾向的听障学生在两种条件下的眼跳距离如表5-6所示。重复测量的多因素方差分析显示:阅读条件变量的主效应显著($F=68.58, P<0.01$);被试类型主效应显著($F=48.79, P<0.01$);两者之间的交互作用也非常显著($F=43.50, P<0.01$)。

表5-6 不同类型听障学生在不同阅读条件下的眼跳距离(单位:度)

	自然阅读条件		快速阅读条件	
	M	SD	M	SD
高策略组	2.52	0.31	3.33	0.34
低策略组	2.16	0.26	2.25	0.28
均　　值	2.35	0.33	2.81	0.63

进一步的简单效应分析表明:对于低策略组听障学生来说,无论是在自然阅读条件下,还是在快速阅读条件下,他们的眼跳距离变化不大;而高策略组听障学生则在两种阅读条件下表现出明显的差异($F=35.67$,$P<0.01$),快速阅读条件下的表现显著好于自然阅读条件,如图5-2所示。

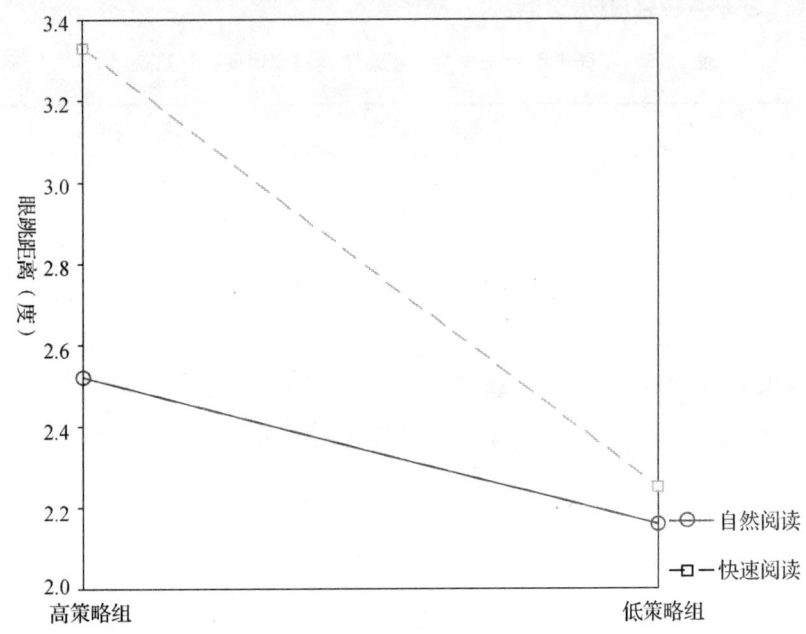

图5-2 被试类型及阅读条件在眼跳距离维度上的交互作用图

(4)回视次数的比较。

不同类型听障学生在两种阅读条件下的回视次数见表5-7。重复测量的多因素方差分析表明:被试类型的主效应显著($F=48.72$,$P<0.01$),高策略运用组的学生阅读中的回视次数明显少于低策略运用组;阅读条件的主效应显著($F=61.34$,$P<0.01$),被试在快速阅读条件下的回视次数明显低于自然阅读状态下的回视次数;被试类型与阅读条件的交互作用不显著。

表 5-7　不同类型听障学生在两种阅读条件下的回视次数（单位：次）

	自然阅读条件		快速阅读条件	
	M	SD	M	SD
高策略组	12.00	2.31	7.64	2.09
低策略组	16.92	2.22	14.15	3.02
均　　值	14.37	3.35	10.78	4.17

四、分析与讨论

1. 有不同阅读策略的听觉障碍学生在阅读理解指标中的差异

从研究结果中我们可以发现，听障大学生在阅读理解测验中的整体水平比较差，总分5分的题目，平均得分仅有1.88分。这和我们在实际观察以及其他研究（贺荟中，2003；袁茵，2004）中了解到的结果是一致的。与健听者相比，听觉障碍者阅读水平低、发展速度慢。即便是大学阶段的听障学生也存在这样的特点，他们的阅读能力以及阅读发展仍然处于比较低层次的水平，这点确实值得引起我们对听障教育特别是对听障学生阅读教育的关注和反思。

就不同阅读策略运用倾向的学生而言，高策略组的听障学生总体水平优于低策略运用组，这种优势虽然在阅读理解成绩上表现得不明显，但从阅读速度指标以及阅读理解效率指标上可以体现出来，两组被试之间存在显著的差异。高策略组被试的阅读速度明显快于低策略组，而其阅读理解成绩并不因此而差于低策略组，甚至表现得更好，这体现出他们具备更高的阅读效率。从这个意义上来讲，也直接反映出阅读者阅读策略的高低和阅读理解能力高低之间存在着正向的相关性，这和阅读策略的多数研究（Barnett，1988；Anderson，1991；Phakiti，2003）结果是一致的。

值得注意的是，在阅读速度方面，被试类型和两种不同的阅读条件间存在显著的交互作用。通过简单效应分析，我们发现在自然阅读条件下，高策略组和低策略组被试的阅读速度不存在差异，但在快速阅读条件下，高策略组被试的阅读速度显著快于低策略组。由此可见，高策略组被试在阅读过程中表现得更为灵活，能根据阅读目的和阅读要求及时调整阅读方式,而低策略组被试在这方面的能力相对欠缺。

另外,在本研究中,由于研究设计的限制,我们并没有对被试使用的具体阅读策略进行更精确的划分,而是笼统地分为高策略组和低策略组。从某种意义上来讲,策略运用能力的高低可能并不在某一种策略,而在于对阅读策略的整体把握。正如Block(1986)所说的那样:阅读能力强的阅读者相对于阅读能力弱的阅读者,并不是在于某一单一策略使用上有所差异,而在于整体策略使用上的差异。

2. 有不同阅读策略的听障学生在眼动模式上的差异

从眼动参数上,也可以看出不同阅读策略运用倾向的听障学生间存在显著的差异,这种差异反映了他们在阅读过程中认知加工模式的不同。有研究(Cromer,1970;Oakan,Wiener & Cromer,1971)表明,低水平的阅读者大多不善利用文章中的句法文法,并不是按意义单位进行加工,而通常是逐字、逐词地进行阅读,这样必然会导致眼跳距离短、加工效率低,这在低策略组听障学生身上表现得比较明显。

从对阅读材料的注视次数来看,低策略组听障学生明显多于高策略组学生。这种差异可能反映了两个方面的问题:第一,两组被试最基础的字词解码能力存在差异;第二,两组学生的阅读习惯存在差异,导致效率高低不同。从注视时间上看,注视点的持续时间是反映被试字词解码能力的重要指标(Rayner,1997;Rayner, K., Chace, K. H., Slattery, T. J., & Asyby, J., 2006)。一般来讲,解码能力越差,注视的时间越长。但从实验结果来看,两组在注视点持续时间上并没有达到显著性的差异水平,这说明听障学生对材料中字词的解码历程不存在太大差别,所以他们在注视次数上的差异更多的体现在阅读习惯的不同。

在眼跳距离上,高低阅读策略运用倾向的听障学生也存在显著不同,高策略组学生眼跳距离明显大于低策略组学生。而且,对于低策略组听障学生来说,自然阅读条件下的眼跳距离与快速阅读条件下的眼跳距离并不存在显著差异。但高策略组听障学生则在两种阅读条件下表现出明显的差异。这说明高策略组被试能够根据不同的阅读条件和要求,及时转变阅读策略,通过眼动模式的调整提升阅读效率,这或许正是高策略组学生阅读策略运用结果的体现。这一点,从回视次数中可以得到进一步的印证。较之高策略组学生,低策略组听障学生采用了不断回视的模式。这说明这些学生对材料的加工准确性较差,对新、旧知识的联系困难,容易受无用信息的影响,需要通过不断回视来进行重新确定。而高策略组听障学生则表现得不同,他们受无用信息干扰小,对有用信息加工准确,所以回视次数较少。

3. 关于快速阅读的有关分析

关于快速阅读的实质,不同研究者持有不同的观点,许多研究者从语言解码的角度对其进行了探讨,认为对字词的"快速""自动化"地识别是影响阅读速度的重要因素(Perfetti,1991)。也有研究者从信息加工的"自上而下"的角度出发,强调预期在阅读理解中的重要作用。莫雷(1990)在对初中学生阅读能力结构因素分析的过程中指出,影响和制约学生快速阅读过程的主要是一种充分利用概念推动的能力因素,类似于通常所说的"语感"。所以,他认为能否形成正确的预期对快速阅读起着至关重要的作用。

从本实验的结果来看,被试在快速阅读过程中的成绩普遍不如自然阅读状态。而且,不同阅读策略的听障学生在两种阅读条件下的表现不同。正如Seymour(1993)在研究中发现的,阅读速度加快的主要表现是注视点减少、眼跳的时间短、回视消失等。本研究发现高策略组被试能积极调整状态,通过增大眼跳距离、减少回视次数来改变眼动模式,从而保证阅读速度的提高;但低策略组被试在两种阅读条件下的变化则不甚明显。那么,到底是什么原因导致了高策略组被试在快速阅读过程中出现不同的眼动模式?是他们阅读能力高、对字词的解码识别能力强?还是因为他们在阅读过程中能够善于将信息整合,利用概念、预期等自上而下地推动对文章的理解?这些都有待于我们做进一步的研究。

五、结论

(1)听障学生阅读理解的总体水平较差,高阅读策略组的听障学生阅读效率明显高于低阅读策略组的听障学生。

（2）不同阅读策略运用倾向的听障学生在阅读过程中表现出不同的眼动模式。总体说来,高策略组学生在阅读过程中对阅读材料的注视次数少、眼跳距离大、回视少。

（3）在自然阅读和快速阅读条件下,不同阅读策略运用倾向的听障学生表现出变化上的不同。高阅读策略组的学生在快速阅读条件下表现出眼动模式的显著变化;而低策略组被试的眼动模式在两种阅读条件下的变化不大。

第二节　阅读提示对听觉障碍学生快速阅读影响的眼动研究

不同阅读策略倾向的听障学生在阅读过程中表现出不同的眼动模式。相对而言,高策略运用组的学生在阅读时的注视次数少、眼跳距离大、回视次数也少。而且,在自然阅读和快速阅读两种不同的条件下,高策略组被试眼动模式差异显著,低策略组被试则变化不明显。那么,这些差异到底是由何种原因导致的呢?考虑到两组被试在策略运用倾向上的不同,我们将从阅读过程的策略性上去寻求答案。

莫雷(1999)在关于快速阅读的探讨中指出,能否形成对文章的正确预期是影响阅读速度的重要因素。阅读理解的相互作用理论(Rumelhart,1985)也认为:阅读就是在文本的各部分之间、在文本与个人经验之间建立联系,构建意义的过程。那么,高策略组被试能够更有效地进行快速阅读是不是和他们能积极运用阅读预期有关?如果通过提示等策略引导低策略组被试在阅读前建立对文章的良好预期,是不是也可以提升他们的阅读速度和阅读效率?就上述这些问题,我们将在本节中进行探讨。

一、研究目的

通过眼动指标与阅读理解指标的结合,考察阅读提示对不同类型听觉障碍学生自然阅读和快速阅读的影响,进一步揭示有不同阅读策略运用倾向的听障学生在阅读理解过程中的信息加工活动的实质。

二、研究方法

1. 实验对象的选择

以南京某专科学院听障大学生为待选被试。先用自编的"听障学生阅读策略问卷"对学生进行集体施测,然后根据问卷得分的高低进行排序,排名在前27%的确定为高策略运用组,排名在后27%的为低策略运用组。本实验共选取了高低阅读策略运用组听障学生各20人参与正式实验,其中男生22人,女生18人,平均年龄为18.26±1.22。所有被试均智力正常,矫正视力正常,听力损失在70 dB以上,此前没有参加过类似实验。

2. 实验设计

本实验采用2(被试类型)×2(阅读条件)×2(阅读提示)三因素混合实验设计。其中,被试类型为被试间变量,包含高阅读策略运用倾向和低阅读运用策略倾向两个水平;阅读条件为被试内变量,分为自然阅读条件和快速阅读条件这两个水平;阅读提示为被试内变量,分为有阅读提示和无阅读提示两个水平。

3. 实验材料

本实验在选取阅读材料时,听取了富有经验的听障班语文教师的意见,选择了5篇语言简练、叙事清晰的寓言故事作为实验材料。每篇阅读材料大约220字左右,难易程度相当。随机选择其中的一篇材料作为练习使用,另外四篇则分别安排在实验中的四种阅读条件下,即无提示自然阅读条件、无提示快速阅读条件、有提示自然阅读条件、有提示快速阅读条件。在提示条件下,利用对两篇文章的内容起提示作用的标题及引导语(如示例一所示),以期能引导被试对文章内容产生正确预期;无提示条件下的两篇文章只有正文,没有标题及引导语。另外,为考察被试对文章的理解情况,每篇阅读材料后面都设计了五道针对文章内容理解的单项选择题。阅读材料选择及制作完毕后,先请听障班语文教师及部分听障学生(非实验被试）对阅读材料的适用性进行评定，证实阅读材料难度及题目难度均适合所选被试的阅读水平。

阅读材料确定后，将每篇材料分两屏制作成 JPEG 格式文件，通过 Presentation 刺激呈现软件呈现在分辨率为 1024×768 的 19 英寸显示器上，提示条件下的文章标题及引导语单独做成一屏呈现。所有阅读材料均选用 32 号宋体字，字间距为 1 磅，行间距为 22 磅。阅读理解测试题目以纸质形式打印在 16K 纸上，每页五道题。

示例一：

提示条件下的阅读材料示例：

> 阅读提示：
>
> 青蛙的陷阱
>
> 本文讲述了青蛙非常讨厌老鼠，并设计了陷阱报复老鼠，但自己最终也深受其害的故事。

正文：

老鼠在背地里总是说青蛙的坏话，青蛙一直怀恨在心。有一天，青蛙来到老鼠家，利索地用绳子把自己和老鼠捆绑在一起，随后纵身朝屋外一跃，一个猛子扎到池塘深处。就这样，老鼠被拖入了水底。不一会儿，水面上浮起了老鼠的尸体。

就在青蛙洋洋得意的时候，一只老鹰俯冲而下，抓起池塘中的老鼠飞到树上，青蛙自然也被拖了出来，它拼命挣脱，但是无济于事，老鹰很快结束了它的生命。

这则故事告诉我们一个道理：不要试图给别人挖陷阱，因为你自己也随时可能会掉进陷阱的。

4. 实验仪器

采用德国 SMI 公司生产的 iView X RED 型眼动仪。该设备通过固定在刺激呈现电脑显示器下端的红外线摄像头摄取受试者眼睛图像，经过 MPEG 编码后送入数据分析计算机进行图像数据采集分析，实时计算出被试眼球的水平和垂直运动的时间、位移距离、速度及瞳孔直径、注视位置等，采样频率为 50 Hz。

5. 实验程序

实验在眼动实验室进行。该实验室具有隔音、隔光等功能,并配备了空调设备,能够保证被试在安静、舒适的环境中进行实验。实验过程中设有主试2名:1名负责操作眼动仪;另1名能够熟练使用手语,负责做好对听障被试的实验程序解释工作,并分发阅读理解材料。为平衡顺序效应,对四种阅读条件以拉丁方排序,然后将每组被试分别分配到四种条件下。正式实验前,先对负责手语翻译的主试人员进行统一培训,使他们能够熟练掌握实验过程和注意事项。实验过程中采取个别施测方式,具体流程如下。

(1) 让被试熟悉实验室环境,向被试简单地介绍实验的设备以及相关要求。

(2) 被试以最舒服的姿势坐在刺激呈现电脑显示器屏幕正前方,头部距离显示屏约 70 cm,结合 iView 软件的指示适当调整被试位置。

(3) 进行九点校准。整个校准过程中校准刺激的呈现及接受由眼动仪自动进行。

(4) 进行预备实验。首先在屏幕上呈现指导语,然后,开始呈现练习文章,被试进行阅读,眼动仪同时开始进行记录。被试阅读完后,点击退出程序,眼动仪同时停止记录。

在练习过程中,如果被试按要求读完了文章,要对被试给予肯定。如果被试没有按要求阅读,则及时指出,待被试完全熟悉操作过程后,开始正式实验。

(5) 进行第一篇阅读材料实验。实验前再次进行校准,步骤同(3),校准完毕后呈现正式阅读材料,步骤同(4)。阅读完毕后进行阅读理解测验。主试将事先打印好的测试题目分发给被试,让被试用纸笔作答。

(6) 依次进行第二、三、四篇正式阅读材料的实验,方法同上。

6. 实验指导语

校准指导语:

下面将在屏幕上的不同位置依次出现一些圆点,当它出现时,请你用眼睛盯住它,并保持头部及身体不晃动。

自然阅读条件的指导语是:

同学,你好!本实验主要是想了解你的阅读情况。下面屏幕上将出现一篇文章,请你按平时的阅读习惯进行阅读,时间不限。阅读完后需要回答后面的问题。阅读过程中按任意键向下翻页。注意:在整个实验过程中都需要保持头部和身体不要晃动。

快速阅读条件下的指导语是:

同学,你好!本实验主要是想了解你的阅读情况。下面屏幕上将出现一篇文章,请你快速阅读!阅读时间只有2分钟。阅读完后需要回答后面的问题。阅读过程中按任意键向下翻页。注意:在整个实验过程中都需要保持头部和身体不要晃动。

7. 实验分析指标

对实验数据的分析采用了下列一些指标,其中既包括阅读理解指标,又有眼动指标。

(1) 阅读理解成绩。

每篇阅读材料后面有五道"四选一"选择题。每一道题回答正确记为"1"分,回答错误记为"0"分,总分即为阅读理解成绩,满分为5分。

(2) 阅读速度。

阅读速度指单位时间内的阅读字数,单位为字/分。它在一定程度上反映了被试阅读能力的高低。

(3) 阅读效率。

阅读效率指单位时间内的阅读理解率。计算公式为:

$$阅读效率 = 阅读速度 \times 阅读理解率$$

其中,"阅读理解率"是指被试在阅读理解测试题中答对的问题数和问题的总数之比。

(4) 注视次数

人们在进行阅读时所发生的眼球的连续运动称之为眼跳,两次眼跳之间眼球的相对静止状态称之为注视,一次注视也称为一个注视点。注视次数是指注视点的数量,单位为次。

(5) 注视点持续时间。

注视点持续时间是指对一个注视点的平均注视停留时间,单位为毫秒。

(6) 眼跳距离。

眼跳距离是指两个连续的注视点之间的平均距离,通常用视角表示,单位为度。

(7) 回视次数。

正常阅读情况下,眼球的运动轨迹是自左而右、从上而下的。当被试的视线出现逆向运动,即眼球从右向左或从下向上运动,眼睛退回到已注视过的内容上时,即为回视。而回视次数是指阅读中发生回视的数量,单位为次。

8. 实验数据的处理方法

以眼动仪自带的 BeGaze 分析软件对数据文件进行分析,获取关于注视点数量、位置、持续时间、眼跳距离、回视次数等参数,然后用 SPSS 17.0 统计软件对实验数据进行统计处理。在实验过程中,有些被试因为某些方面的原因导致眼动距离数据偏移过大,或眼动仪无法记录到眼动数据,抑或某一时段缺失眼动数据,这些在分析时都作为无效数据予以剔除。最后实际被试的数量分别为高策略组15人,低策略13人,共28人。

三、研究结果

1. 被试阅读理解指标的比较

(1) 阅读理解成绩的比较。

表 5-8 显示了不同阅读策略组的听障学生在各种实验条件下的阅读理解测验成绩。对两组被试在不同阅读条件下的阅读成绩进行重复测量的方差分析,结果表明:阅读提示变量的主效应显著($F=6.488, P<0.05$),被试在有阅读提示条件下的阅读理解成绩优于无阅读提示的情况;阅读速度变量的主效应不显著($F=$

3.220,P=0.082);被试类型变量主效应不显著(F=3.510,P=0.072);各变量之间的交互作用也不显著。

表5-8 不同类型听障学生在不同阅读条件下的阅读理解成绩(M±SD)

	自然阅读条件		快速阅读条件	
	无提示	有提示	无提示	有提示
高策略组	2.33(0.89)	2.53(1.06)	1.93(0.45)	2.07(0.59)
低策略组	1.64(1.08)	2.14(1.09)	1.57(0.76)	1.86(0.86)
均 值	2.00(1.03)	2.34(1.08)	1.75(0.63)	1.96(0.73)

(2) 阅读速度的比较。

不同阅读策略运用倾向的听障学生在两种条件下的平均阅读速度和标准差见表5-9。

表5-9 被试在不同阅读条件下的阅读速度(单位:字/分钟)

	自然阅读条件		快速阅读条件	
	无提示	有提示	无提示	有提示
高策略组	265.28	272.57	345.67	368.05
低策略组	243.19	258.69	266.12	327.73
均 值	254.62	265.87	307.26	348.59

重复测量的多因素方差分析显示:阅读条件变量的主效应显著,$F=136.924$,$P<0.01$;阅读提示变量的主效应显著($F=22.837$,$P<0.01$);被试类型主效应显著($F=9.806$,$P<0.01$);此外,三个变量之间的两两交互作用都非常显著,但三次交互作用不显著。进一步的简单效应表明:在自然阅读条件下,高低策略组被试的阅读速度不存在差异,但在快速阅读条件下,两组被试的阅读速度出现显著差异($F=35.692$,$P<0.01$);在有阅读提示条件下,组别之间的差异也不明显,但在无阅读提示条件下,两组被试的阅读速度存在明显差异,高策略组学生明显快于低策略组学生($F=12.435$,$P<0.01$);此外,在自然阅读条件下,有无阅读提示对被试的阅读速度影响不大,但在快速阅读条件下,被试在提示条件下的阅读速度明显快

于无提示条件($F=41.368, P<0.01$)。

(3) 阅读效率的比较。

表 5-10 被试在不同阅读条件下的阅读效率(单位:字/分钟)

	自然阅读条件		快速阅读条件	
	无提示	有提示	无提示	有提示
高策略组	122.58	135.31	134.49	150.99
低策略组	80.77	107.33	88.68	121.01
均 值	102.39	121.84	111.41	136.52

对不同策略组听障学生在两种阅读条件下的阅读效率进行统计,结果如表 5-10 所示。方差分析结果显示:被试类型变量主效应显著,高策略组的听障学生阅读效率显著高于低策略组被试($F=9.927, P<0.01$);阅读提示变量的主效应显著,被试在有提示条件下的阅读效率高于无提示的情况($F=6.801, P<0.05$);阅读条件变量的主效应不显著,其他二次及三次交互作用也都不显著。

2. 被试在阅读理解过程中眼动指标的比较

(1) 注视次数比较。

不同阅读策略组听障学生在不同阅读条件中的平均注视次数及标准差见表 5-11。方差分析结果显示:被试类型变量主效应显著,低策略组被试的注视次数显著多于高策略组被试($F=26.80, P<0.01$);阅读条件变量主效应显著,被试在自然阅读条件下的注视次数明显多于快速阅读条件($F=44.54, P<0.01$);阅读提示变量主效应显著,被试在无提示条件下的注视次数多于有阅读提示条件($F=11.31, P<0.01$)。此外,被试类型和阅读提示之间的交互作用也十分显著($F=17.81, P<0.01$)。进一步的简单效应分析表明:高策略组被试在两种阅读提示条件下的注视次数差异不大,但低策略组被试在有阅读提示条件下的注视次数明显少于无阅读提示条件情况($F=25.36, P<0.01$),如图 5-3 所示。

表 5-11 不同类型听障学生在不同阅读条件下的平均注视次数(M±SD)

	自然阅读条件		快速阅读条件	
	无提示	有提示	无提示	有提示
高策略组	106.00(17.40)	107.00(13.78)	83.60(12.93)	84.20(12.08)
低策略组	130.64(20.91)	119.50(10.91)	117.50(18.46)	101.86(9.95)
均　值	117.89(22.62)	113.03(13.81)	99.96(23.21)	92.72(14.13)

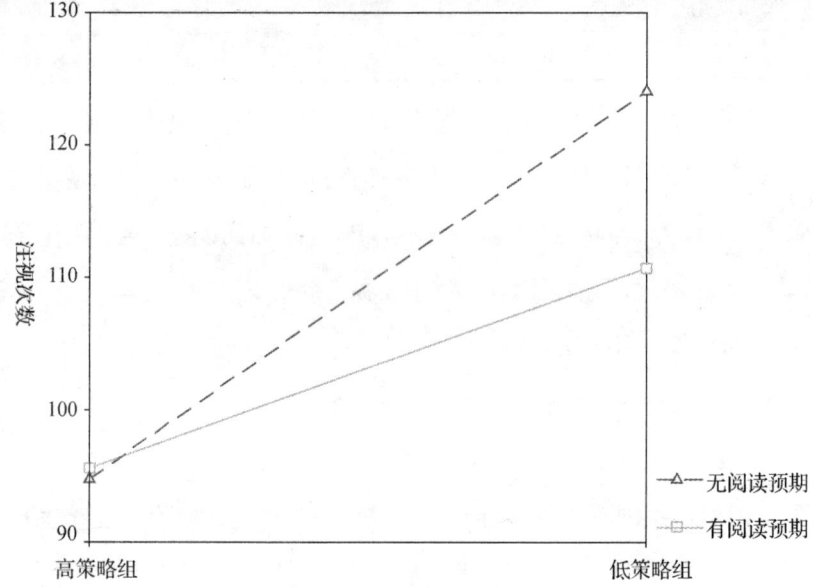

图 5-3 被试类型与阅读提示在注视次数维度上的交互作用图

(2) 注视点持续时间比较。

两组被试注视点的平均持续时间如表 5-12 所示。方差分析的结果显示：阅读条件变量的主效应显著($F=5.78, P<0.05$)，被试在自然阅读条件下的注视点平均注视时间显著长于快速阅读条件；阅读提示变量的主效应显著($F=10.31, P<0.01$)，被试在无阅读提示条件下的注视点平均注视时间显著长于有提示阅读条件；被试类型主效应不显著。在交互作用方面，阅读提示和阅读条件之间的交互作用也比较显著，$F=6.92, P<0.05$，其他交互作用都不显著。进一步的简单效应分析表明：在自然阅读条件下，阅读提示的有无对被试注视点的平均注视时间有显

著影响(F=8.42,P<0.05);而在快速阅读条件下,有阅读提示和无阅读提示对被试注视点的持续时间影响不大。

表5-12 不同类型听障学生注视点平均持续时间(单位:毫秒)

	自然阅读条件		快速阅读条件	
	无提示	有提示	无提示	有提示
高策略组	304.07	284.77	278.06	279.02
低策略组	311.62	291.98	290.98	284.77
均 值	307.72	288.25	284.30	281.79

(3)眼跳距离比较。

有不同阅读策略运用倾向的听障学生在两种条件下的眼跳距离如表5-13所示。重复测量的多因素方差分析显示:阅读条件变量的主效应显著(F=33.93,P<0.01);阅读提示变量的主效应显著(F=39.68,P<0.01);被试类型主效应也十分显著(F=87.39,P<0.01)。

表5-13 不同类型听障学生在不同阅读条件下的眼跳距离(单位:度)

	自然阅读条件		快速阅读条件	
	无提示	有提示	无提示	有提示
高策略组	2.69(0.33)	2.75(0.31)	3.27(0.28)	3.17(0.14)
低策略组	2.12(0.17)	2.39(0.31)	2.21(0.21)	2.57(0.27)
均 值	2.41(0.39)	2.57(0.36)	2.76(0.59)	2.88(0.39)

在交互作用方面,被试类型和阅读条件之间的交互作用显著(F=10.81,P<0.01),如图5-4所示;被试类型和阅读提示变量之间的交互作用也较显著(F=51.01,P<0.01),如图5-5所示;其他交互作用不显著。进一步的简单效应分析表明:低策略组听障学生在自然及快速阅读条件下的表现差异不显著,而高策略组学生则存在显著差异(F=21.48,P<0.01);有无阅读提示对高策略组被试来说影响不大,但对低策略组被试来说,有提示条件下的眼跳距离要显著大于无提示条件下的眼跳距离(F=31.29,P<0.01)。

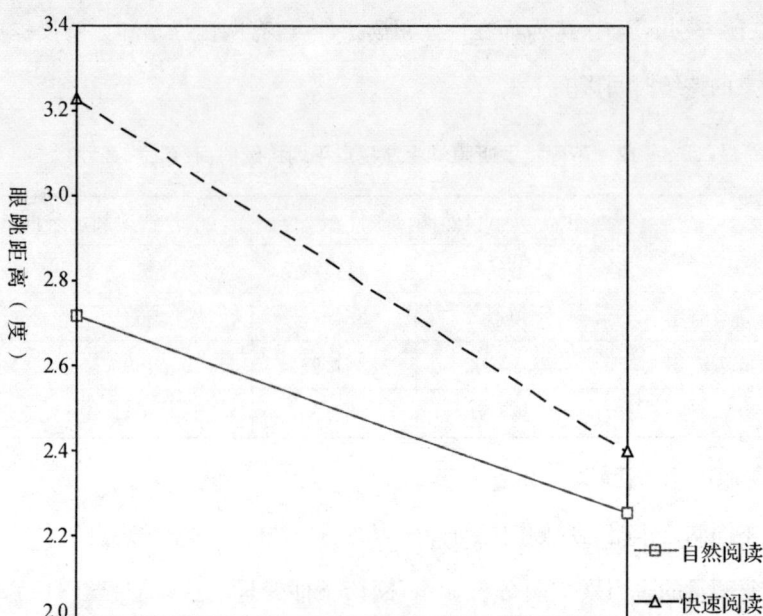

图 5-4 被试类型与阅读条件的交互作用

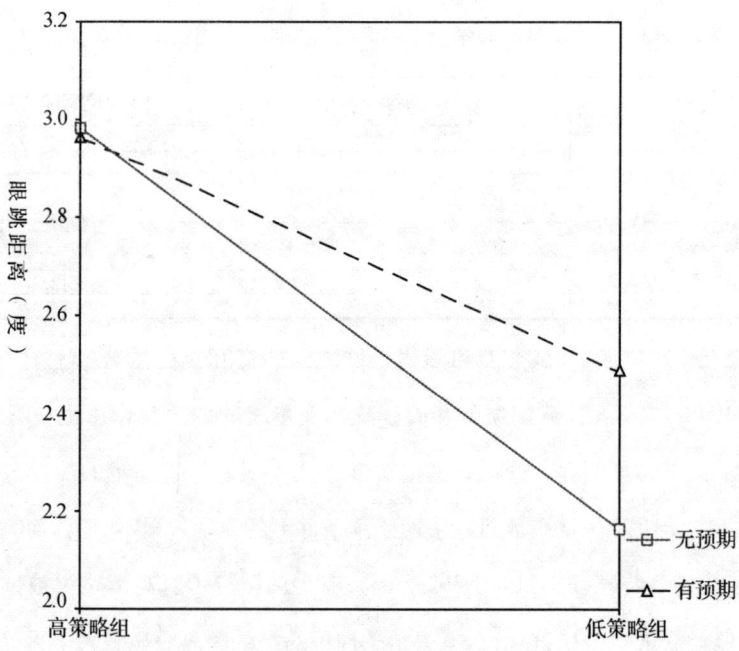

图 5-5 被试类型与阅读提示的交互作用

(4) 回视次数比较。

不同类型听障学生在两种阅读条件下的回视次数见表5-14。重复测量的多因素方差分析表明:被试类型的主效应显著($F=69.33, P<0.01$),高策略运用组的学生在阅读中的回视次数少于低策略运用组;阅读条件的主效应显著($F=45.11, P<0.01$),被试在快速阅读条件下的回视次数明显低于自然阅读状态下的回视次数;阅读提示变量的主效应显著($F=15.08, P<0.01$),被试在有阅读提示情况下的回视次数明显少于无阅读提示情况。

表5-14 不同类型听障学生在两种阅读条件下的回视次数(单位:次)

	自然阅读条件		快速阅读条件	
	无提示	有提示	无提示	有提示
高策略组	5.20(0.09)	4.80(1.10)	3.26(0.88)	3.07(0.70)
低策略组	6.93(1.32)	6.07(0.99)	5.85(1.35)	4.62(1.08)
均 值	6.03(1.42)	5.41(1.18)	4.51(1.72)	3.83(1.19)

交互作用方面,被试类型与阅读提示的交互作用显著($F=4.57, P<0.05$),其他交互作用不显著。进一步的简单效应分析表明:高策略组被试在有无阅读提示的情况下回视次数差别不大,但低策略组被试在有阅读提示条件下的回视次数明显少于无阅读提示条件($F=12.49, P<0.05$)。

四、分析与讨论

1. 不同阅读策略听觉障碍学生在阅读理解中的眼动模式差异

为考察有不同阅读策略听障学生在篇章阅读中的眼动模式特点,进一步验证前一节的结论,本研究继续使用了注视次数、注视点持续时间、眼跳距离、回视次数等眼动参数作为因变量指标。实验结果发现:除注视点持续时间以外,在其他指标上,不同阅读策略听障学生在篇章阅读中均表现出明显的差异。具体来讲,高阅读策略运用组的学生在阅读理解中对阅读材料的注视次数少、眼跳距离大,而且回视次数也少。这些结论同上一节得到的结果是一致的,体现出不同策略听障学生在阅读理解中眼动模式的稳定性。

高策略组被试在眼动模式上的这些特点也使得他们具有更高的阅读效率,这在各项阅读理解指标上均有体现。从这个意义上而言,高阅读策略组听障学生更有可能是高阅读能力者。以往关于不同阅读能力者眼动研究(白学军,沈德立,1995;闫国立,2004)的结果显示,与低阅读能力者相比,熟练阅读者在阅读过程中的阅读速度更快,对阅读材料的注视次数更少,注视点持续时间更短,注视广度更大,这些结论与本研究结论是相符的。

2. 不同类型听觉障碍学生阅读理解过程中预期能力比较

在本实验中,我们通过设置前置的标题及内容提示,引发读者产生一定的阅读预期,以此考察阅读提示变量对不同类型听障学生阅读理解过程的影响。结果发现,标题及内容提示的有无对不同类型听障学生有着不同的影响,在阅读速度、注视次数、眼跳距离、回视次数等指标上均发现被试类型和阅读提示变量间存在显著的交互作用。从简单效应分析的结果来看,无论标题及内容提示存在与否,高策略组被试在上述因变量指标上变化不大,但低策略组被试的各个因变量指标却在两种不同提示条件下表现出明显的差异。在提示阅读条件下,低策略组被试的阅读速度显著提高,而且对阅读材料的注视次数减少、眼跳距离增大、回视次数也减少。也就是说,低策略组被试对这种通过标题及内容提示引发的阅读预期具有更强的依赖性。

如何理解不同类型听障学生之间的这种差异呢?我们认为这体现了两组被试在阅读过程中预期能力上的差异。台湾学者张蓓莉(1991)曾指出大多数听障学生在阅读中习惯使用"自下而上"、逐字阅读的策略,但是对使用"自上而下"策略相对频繁的听障学生而言,其阅读表现会更佳。在阅读过程中,利用已有经验对阅读材料提供的线索和信息建立预期,形成有效的心理表征,是最为典型的一种"自上而下"的加工策略(Rumelhart,1985)。从数据分析可以看出,实验过程中高策略组听障学生表现出更强的加工意识,无论阅读提示存在与否,他们都能够比较主动地根据阅读材料提供的信息去预测和理解文章内容,建立对阅读材料的良好预期,从而提升了阅读速度、提高了阅读效率。

3. 阅读预期能力对快速阅读的影响

关于快速阅读过程信息加工实质的问题,很多研究都在探讨文章预期所发挥的重要作用。依据Goodman(1976)所提出的"自上而下"的阅读理解模式,阅读过程的实质就是一个"取样、预期、检验、验证"的过程。快速阅读,主要依靠概念驱动,较少地需要材料信息的"预期—验证"的信息加工过程。1999年,莫雷从宏观阅读的角度探讨了阅读预期对快速阅读的理解水平与阅读进程的影响。他在被试阅读文章之前分别给予被试正确、中性和误导的标题提示,结果发现,不同类型的标题提示对快速阅读有着显著的影响,但是对正常速度阅读理解的成绩影响不大。据此,研究者认为,学生快速阅读文章的过程,是一种更多地利用概念推动的过程。杨连清(1997)也曾做过类似的研究,他发现快速阅读理解水平和学生的预期水平间有密切的相关。学生的快速阅读水平越高,他们对阅读材料的预期成绩也就越高;而且,被试在快速阅读的情况下发现文章中错别字的数量要比正常阅读的情况下少。

在本研究中,我们也发现由前置提示所引发的阅读预期与阅读条件两个变量在某些因变量指标上存在交互作用。在阅读速度方面,自然阅读条件下,有无阅读提示对被试的阅读速度的影响差异不显著,但在快速阅读条件下,被试在有提示(预期)条件下的阅读速度明显快于无预期条件,这体现出快速阅读对阅读预期的依赖性,如果能事先形成对文章的正确预期,可以提高阅读的速度。这一结果与前面提及的相关研究结论是一致的。

但在注视点持续时间指标上的交互作用,却颇令人费解。自然阅读条件下,阅读提示的有无对被试注视点的平均注视时间有显著影响($P<0.05$);但在快速阅读条件下,有阅读提示和无阅读提示对被试注视点的持续时间影响不大。这一结论似乎与上面的研究结果相悖,我们认为这可能与被试的特殊性有关,就听

障学生整体而言,他们的阅读理解能力普遍较差,对文章的预期总体水平较低,所以即便是在自然阅读状态下,也会表现出对阅读提示的依赖性。而且,就注视点持续时间这一指标而言,在快速阅读条件下已经降低到一个相对较低的水平(平均仅有 284.30 毫秒),所以即便是在有阅读提示的情况下,也不可能再有大幅度的减少。

五、结论

(1) 高阅读策略组听障学生在阅读理解中对阅读材料的注视次数少,眼跳距离大,而且回视次数也少。

(2) 较之低策略组听障学生,高策略组学生被试表现出更强的对阅读材料的预期加工能力("自上而下"加工的能力)。他们能够相对主动地根据阅读材料提供的信息去预测和理解文章内容,建立对阅读材料的预期。

(3) 阅读预期是影响快速阅读的重要因素和变量之一。整体而言,快速阅读对阅读预期具有较强的依赖性。

第三节 听觉障碍学生
阅读理解监控中的眼动特点研究

一、研究目的

Gagne(1985)在对阅读理解成分的分析中,将阅读的过程分为四个子过程:解码认字、获取字义、推论理解和理解监控。其中,理解监控是阅读元认知的核心组成部分,它是一种阅读过程中的自我管理行为。具体来讲,就是阅读者在阅读理解的过程中,将自身的阅读理解活动作为意识对象,不断地对其进行主动积极地监视、评价和调控。在阅读过程中,理解监控从阅读伊始即已出现,并且贯穿于阅读活动的始终。

在理解监控研究中,常用的研究范式主要包括错误觉察法、自信评价法、完形填空技术、散句组织法等类型(Markman,1977;Danner,1976;Di Vesta,1979),其中以错误觉察法和自信评价法最为经典。所谓错误觉察,即使用包含语义或语法等错误信息的文章作为实验材料,通过观察被试对错误信息的觉察水平,来判断被试的理解监控程度;而自信评价任务则是根据读者对自己阅读理解的评价准确性,间接推断他们是否对自己的理解进行了监控。现在,随着阅读研究的不断深入,研究者也开始尝试采用更为精确的方法来对被试的阅读理解监控进行实时测量。例如,可利用眼动仪通过分析被试在实际阅读过程中的眼动模式,来实时考察被试的理解监控状况,实现对理解监控的直接测量。

从前期研究结果来看,在听障学生的阅读理解过程中,元认知策略运用的情况总体较差,其中尤以监控能力最差。那么,不同阅读策略运用水平的听障学生在对阅读材料的理解监控方面是否存在明显的差异呢?他们在对文章错误信息的觉察方面是否会表现出不同的眼动特点?就这些问题,本研究结合错误觉察法、自信评价法和眼动记录法,对不同类型听障学生在阅读理解过程中的理解监控水平进行了考察,以进一步揭示听障学生在阅读理解中的信息加工活动实质。

二、实验方法

本研究综合采用错误觉察法和自信评价法,并结合眼动追踪技术来考察听障学生的阅读理解监控能力。在错误觉察任务中,我们有意在每篇阅读材料中插入不同类型的错误信息,然后借助眼动仪分析和考察被试对错误信息的觉察情况。在自信评价任务中,要求学生在阅读完材料后立即进行阅读理解测验,每答完一道题后,都要对自己的回答结果进行自我评估,即打上"信心分",通过"信心分"与实际得分之间的差值来反映被试的理解监控情况。

1. 被试的选择

先用自编的"听障学生阅读策略问卷"对某学院听障大学生进行集体施测,然后根据问卷得分的高低进行排序,排名在前 27% 的确定为高策略运用组,排名在后 27% 的为低策略运用组。本实验共选取了高低阅读策略运用组听障学生各 18 人参与正式实验,其中男生 16 人、女生 20 人,平均年龄为 18.75±1.36。所有被试均智力正常,矫正视力正常,听力损失在 70 dB 以上,此前没有参加过类似实验。

2. 实验设计

本实验采用 2(被试类型)×3(错误类型)两因素混合实验设计。其中,被试类型为被试间变量,包含高阅读策略运用和低阅读策略运用两个水平;错误类型为被试内变量,分为包含逻辑错误、经验错误,以及同音字错误三种类型。

3. 实验材料

实验前,我们选择了 20 篇语言简练、叙事清晰的短文作为备选材料,先请 43 名听障学生(非实验被试)事先进行阅读并进行了难度评定,每篇短文要求学生在 0(非常容易理解)至 10(非常难以理解)之间给予等级评分,最后选择了难度系数在 5±0.5 之间的四篇短文作为实验用材料,短文字数平均在 125 字左右,其中一篇作为练习材料使用,另外三篇为正式实验材料。除练习材料以外,三篇正式实验材料分别被改写为三种错误版本,它们是:① 逻辑性错误(logical error)版本,该版本中的错误在逻辑上与整体文章的意义表征不相符合。例如,文章中说明要给爸爸买生日礼物,结果却是"妈妈收到孩子送给她的新年礼物后"。② 经验性错误(experimental error)版本,其错误之处为经验错误,即与已知的客观情况不相符合。比如,"像野兔、鸭子一样在河里游泳"。③ 同音字误用版本,即短文中出现的错误为误用同音字,而不能表示应有的词义。如"恋人有时心梨(应为'里')有想要说的话"。另外,为考察被试对短文的理解和监控情况,每篇阅读材料后面都设计了三道针对文章内容的单项选择题,每道题后面还附有针对问题回答情况的自我评价选择项(见附录 2)。

阅读材料确定后,将每篇材料制作成 JPEG 格式文件,单屏呈现在刺激呈现电脑的显示屏上,显示器分辨率为 1024×768,尺寸为 19 英寸。所有阅读材料选用 28 号宋体字,字间距为 1 磅,行间距为 22 磅。阅读理解测试题目以纸质形式打印在 16K 纸上,每篇短文占一页。

4. 实验仪器

采用德国 SMI 公司生产的 iView X RED 型眼动仪。该设备通过固定在刺激呈现电脑显示器下端的红外线摄像头摄取受试者眼睛图像,经过 MPEG 编码后送入数据分析计算机进行图像数据采集分析,实时计算出被试眼球的水平和垂直运动的时间、位移距离、速度及瞳孔直径、注视位置等,采样频率为 50 Hz。

5. 实验程序

实验在专门的眼动实验室进行。该实验室隔音、隔光,并配备了空调设备,能够保证被试在安静、舒适的环境中进行实验。实验过程中时有主试 2 名:1 名负责操作眼动仪;另 1 名能够熟练使用手语,负责做好对听障被试的实验程序解释工作,并分发阅读理解材料。正式实验前,先对负责手语翻译的主试进行统一培训,使他们能够熟练掌握实验过程和注意事项。

实验时,所有被试先进行阅读练习,熟悉实验过程,然后依次进行三篇正式材料的阅读。我们将每篇阅读材料呈现的时间固定为 45 秒,经测试,该时间能保证所有学生完成阅读。为消除顺序效应,研究者对被试阅读三篇短文的先后顺序进行了平衡。实验过程中采取个别施测方式,具体流程如下:

(1) 让被试熟悉实验室环境,向被试简单地介绍实验的设备以及相关要求。

(2) 被试以最舒服的姿势坐在刺激呈现电脑显示器屏幕正前方,头部距离显示屏约 70 cm,结合 iView 软件的指示适当调整被试位置。

(3) 进行五点校准。整个校准过程中校准刺激的呈现及接受由眼动仪自动进行。

(4) 进行练习实验。首先在屏幕上呈现指导语,然后开始呈现练习文章,被试进行阅读,眼动仪同时开始进行记录。被试阅读完毕后,点击按键停止记录,被试进行阅读理解测验。

在练习过程中,如果被试按要求读完了文章,要对被试给予肯定;如果被试没有按要求阅读,则及时指出。待被试完全明白操作过程后,开始正式实验。

(5) 进行第一篇阅读材料实验。实验前再次进行校准,步骤同(3),校准完毕后呈现正式阅读材料,步骤同(4)。阅读完毕后进行阅读理解测验。主试将事先打印好的测试题目呈现给被试,让被试用纸笔作答。

(6) 依次进行第二、第三篇正式阅读材料的实验,方法同上。

6. 实验指导语

校准指导语:

下面将在屏幕上的不同位置依次出现一些圆点,当圆点出现时,请你用眼睛盯住它并保持头部及身体不晃动。

阅读指导语:

同学,你好! 本实验主要是想了解你的阅读情况。下面将在屏幕上出现一篇文章,请你按平时的阅读习惯进行阅读。阅读完毕后将进行阅读理解测验,以考察你对文章的理解情况。注意:在整个实验过程中都需要保持头部和身体不要晃动。

7. 实验分析指标

实验数据的分析采用了两类指标:一类为基于被试自信度评价的阅读理解监控分数;另一类为兴趣区内的相关眼动指标。

(1) 基于自信度评价的理解监控分数。

在阅读理解测验中,每道题回答完毕后,都要求被试对自己的回答结果给予自信度评价。"1"表示对自己的回答"完全有把握","0.5"表示对自己的回答"有一半的把握","0"表示"完全没有把握"。然后将被试实际阅读理解得分与相应自信分按公式 $|D|=\sqrt{\sum(X_i-Y_i)^2}$(其中 X_i 表示被试阅读理解成绩,Y_i 表示每道题的

信心分)进行计算。|D|值越小,说明被试的理解水平和自身的估计越趋于一致,则阅读监控能力越高;反之,则越低。将三篇短文的|D|值相加,即为被试的理解监控总分。

(2) 眼动指标。

为考察被试对短文错误之处的监控情况,我们将短文错误所在的句子作为一个兴趣区(area of interesting,简称 AOI),然后集中分析被试在兴趣区内的眼动特点。三篇短文兴趣区大小一致,都包含 14 个汉字字符。对每个兴趣区,我们选用了以下指标进行考察。

① 注视次数(the number of fixation):被试在兴趣区内的注视点的总的数量,单位为次。

② 注视点持续时间(duration of fixation):注视点持续时间是指兴趣区内所有注视点的平均注视停留时间,单位为毫秒。

③ 总停留时间(dwell time):被试视线停留在兴趣区内的总的时间,包含总的注视时间,以及发生眼跳的时间,单位为毫秒。

④ 再视次数(the number of revisit):注视点离开兴趣区后又再次回到兴趣区时,即发生了再视,它是反映被试阅读理解后期加工的一个指标。再视次数表示被试发生再视的总的数量,单位为次。

8. 实验数据的处理

以眼动仪自带的 BeGaze 分析软件对数据文件进行分析,获取关于注视次数、注视点持续时间、总停留时间、再视次数等眼动指标,然后用 SPSS 17.0 统计软件对实验数据进行统计处理。在实验过程中,有些被试因为某些方面的原因导致眼动距离数据偏移过大,或使眼动仪无法记录到眼动数据,抑或某一时段缺失眼动数据,这些在分析时都作为无效数据予以剔除。最后实际被试的数量分别为高策略组 13 人、低策略组 12 人,共 25 人。

三、研究结果

1. 阅读理解监控分数的比较

表5‑15 不同类型听障学生阅读理解监控分数及t检验结果

	监控分数		t	df	P
	M	SD			
高策略组	2.34	0.24	1.93	34	0.066
低策略组	2.76	0.73			

不同类型听障学生在阅读理解过程中的理解监控得分及t检验结果如表5‑15所示。从平均得分来看,高策略组听障学生的平均监控得分要低于低策略组被试,这说明他们在阅读理解中的监控能力要比低策略组听障学生更强。但从检验结果来看,两组被试在理解监控得分上的差异不大(p=0.066),没有达到统计学意义上的差异显著水平。

2. 兴趣区相关眼动指标的比较

(1) 注视次数比较。

表5‑16 被试对三种错误类型兴趣区的平均注视次数(单位:次)

	逻辑错误		经验错误		同音字误用	
	M	SD	M	SD	M	SD
高策略组	11.15	2.19	9.08	2.92	9.84	1.40
低策略组	8.17	1.58	8.25	2.22	10.58	2.19
均 值	9.72	2.42	8.68	2.59	10.22	1.83

不同阅读策略组听障学生对三种错误类型下兴趣区的平均注视次数及标准差见表5‑16。方差分析结果显示:错误类型的主效应显著(F=3.408,P<0.05);被试类型主效应接近显著(F=4.08,P=0.055),高策略组被试对兴趣区的平均注视次数(10.02)高于低策略组被试(9.00);两个变量之间的交互作用也较为显著(F=4.82,P<0.05)。对错误类型变量主效应的多重分析结果表明:被试对同音

字误用兴趣区的注视次数显著多于经验错误型的兴趣区(P<0.05),而在其他条件下注视次数差异不显著。对交互作用的简单效应分析表明:高策略组被试在逻辑错误条件下的注视次数明显多于低策略组被试(F=32.58,P<0.01),而在其他两种条件下则与低策略组的差异不大。交互作用如图5-5所示。

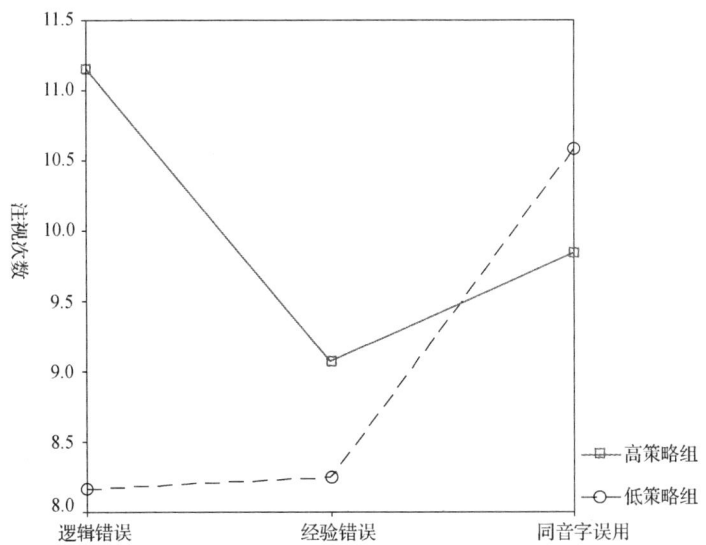

图 5-5 被试类型与错误类型在兴趣区注视次数上的交互作用图

(2) 注视点持续时间比较。

为了考察被试在不同区域的注视点持续时间特点,我们将短文中兴趣区以外的区域视为空白区,然后比较了不同类型被试在各类区域中的注视点持续时间,如表 5-17 所示。

表 5-17 不同类型听障学生在不同区域的注视点平均持续时间(单位:毫秒)

	逻辑错误		经验错误		同音字误用		空白区	
	M	SD	M	SD	M	SD	M	SD
高策略组	391.53	196.85	398.00	80.32	383.62	71.83	325.05	45.39
低策略组	379.75	96.78	382.08	105.75	397.17	116.27	313.13	37.81
均　值	385.88	128.96	390.36	91.75	390.12	93.93	319.33	41.50

方差分析的结果显示:区域类型的主效应显著($F=4.662$,$P<0.01$);被试类型变量的主效应不显著($F=0.024$,$P=0.877$);两个变量之间的交互作用也不显著($F=1.195$,$P=0.663$)。对区域类型主效应的事后分析表明:被试在逻辑错误、经验错误、同音字误用兴趣区的注视点持续时间要显著高于空白区($P=0.004$,$P=0.000$,$P=0.000$),而在三种错误类型的兴趣区间不存在显著差异。

(3) 总停留时间比较。

总停留时间在一定程度上反映了被试对兴趣区信息的整体加工深度,停留时间越长,加工程度越深。不同类型被试在三种错误类型兴趣区上的总停留时间如表 5-18 所示。重复测量的两因素方差分析结果表明:被试类型变量的主效应显著($F=4.375$,$P<0.05$),高策略组听障学生在兴趣区的总体停留时间($M=4\ 134.84$)要显著多于低策略组听障学生($M=3\ 557.00$);错误类型变量的主效应不显著($F=1.236$,$P=0.30$);两变量之间的交互作用也较为显著($F=7.604$,$P<0.05$)。

表 5-18　不同类型听障学生在不同兴趣区中的总停留时间(单位:毫秒)

	逻辑错误		经验错误		同音字误用	
	M	SD	M	SD	M	SD
高策略组	4 675.38	1 784.39	3 869.38	1 284.04	3 862.76	805.17
低策略组	3 175.67	630.54	3 222.17	1 028.42	4 273.17	1 302.20
均　值	3 953.96	1 535.16	3 558.72	1 190.82	4 059.76	1 070.12

对交互作用进一步的简单效应分析表明:高策略组被试在逻辑错误条件下对兴趣区的总停留时间明显多于低策略组被试($F=24.59$,$P<0.01$),而在其他两种条件下的差异不大,如图 5-6 所示。

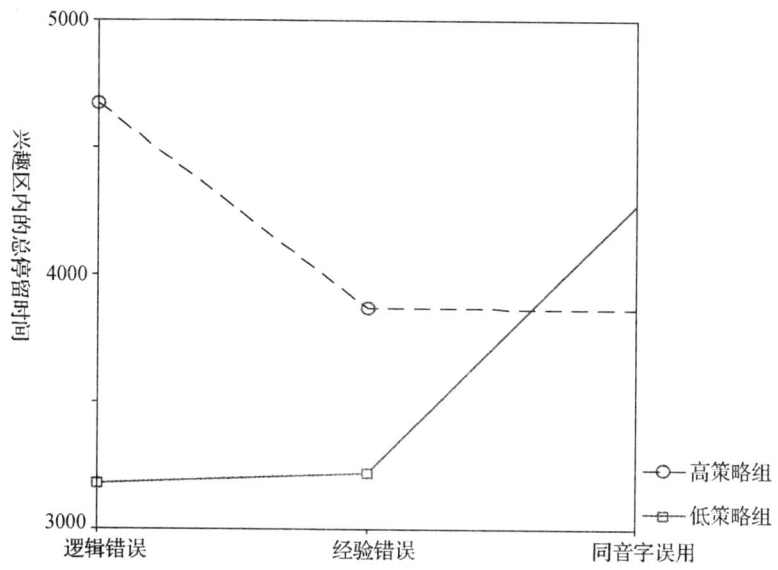

图 5-6 被试类型及错误类型在总停留时间上的交互作用

(4) 再视次数比较。

表 5-19 不同类型听障学生对各类兴趣区的再视次数（单位：次）

	逻辑错误		经验错误		同音字误用	
	M	SD	M	SD	M	SD
高策略组	2.15	1.07	1.92	0.86	2.54	1.13
低策略组	1.58	0.90	1.50	1.51	2.50	0.79
均　值	1.88	1.01	1.72	1.21	2.52	0.96

不同类型听障学生在两种阅读条件下的回视次数见表 5-19。重复测量的两因素方差分析表明：错误类型变量的主效应显著（F=3.94,P<0.05），被试类型变量的主效应不显著（F=2.01,P=0.17）；两变量之间的交互作用也不显著（F=0.409,P=0.669）。对错误类型变量的主效应进行事后分析检验表明：被试在同音字误用兴趣区的再视次数要明显多于逻辑错误兴趣区（P<0.05），也明显多于经验错误兴趣区（P<0.05），而逻辑错误和经验错误两种类型的兴趣区中的再视次数不存在显著差异。

四、分析与讨论

1. 基于自信度评估的听觉障碍学生阅读理解监控能力分析

理解监控是个体在阅读过程中元认知策略运用的重要体现。本研究以自编的"听障学生阅读策略问卷"对被试进行了筛选和分组,并运用自信评估技术对不同类型听障学生的理解监控能力进行了间接测量,我们实验前的假设是高策略运用组听障学生在理解监控能力方面要显著优于低策略组被试。但从研究结果来看,不同类型的两组被试在基于自信度评估的理解监控分数上差异并不显著($p=0.066$)。

我们认为,导致这种结果的一种可能原因是听障学生阅读理解能力普遍较差,他们在理解监控中的总体水平都很低。在此情况下,不同类型学生之间的差异很难在显著性水平上体现出来。在 Susan(2000)的一项研究中,她控制了识字水平变量,结果发现被试的理解监控和阅读理解之间存在显著的相关,理解能力越差,监控水平就越低。此外,西方许多的研究也都证实理解能力差的读者对自己阅读理解的监控能力也比较差(李伟健,2004),这些研究也间接为我们上述的原因分析提供了证据与支持。

2. 基于眼动技术的听觉障碍学生阅读理解监控能力分析

虽然听障学生在阅读理解中的监控能力较差,但并不意味着他们在阅读中没有进行监控。利用眼动追踪技术对被试的阅读进程实时监测,我们发现被试在对文章中设置的错误之处进行注视的时候,有着不同的眼动特点。这种不同明显地反映在被试在兴趣区内的注视点持续时间上。虽然两组被试在这一指标上差异不大,但从整体情况来看,听障学生在错误区内的注视点的平均持续时间显著大于正常区域的平均持续时间。其实质可能是由于错误信息的误导,延长了被试对相关内容的信息加工速度,导致了注视时间的增长。这也说明被试在篇章阅读中的确对阅读内容进行了一定程度的理解监控。徐富明等(2009)对大、中学生篇章阅读中的理解监控进行的眼动实验中,也发现学生注视阅读错误区域的时间要长于没有错误的区域,这与本研究的结果是吻合的。

3. 不同类型的听觉障碍学生在阅读理解监控中的差异性分析

在对兴趣区相关眼动指标的分析中,我们发现不同阅读策略运用倾向的听障学生表现出较为明显的差异。比如高策略组的学生比低策略组的学生表现出更多的注视次数、更长的注视停留时间,这反映了高策略组学生较之低策略组学生有着更强的理解监控能力。

而且,针对不同错误类型的兴趣区,不同类型听障学生也表现出不同的注视特点。从被试类型与错误类型的交互作用来看,在逻辑错误类型的兴趣区中,高策略运用倾向的听障学生比低策略组学生有更多的注视次数和更长的停留时间;而在经验错误和同音字误用两种兴趣区上,两组被试之间的差异不显著。为什么会出现这种差异呢?笔者分析认为,这可能与不同类型听障学生在阅读中心理表征能力的大小有关。从前期的研究中,我们发现高阅读策略运用倾向的听障学生能够更为主动地根据阅读材料提供的信息去预测和理解文章内容,建立对阅读材料的良好预期,这体现出他们在阅读过程中有着更积极的心理表征能力。

根据 Kintsch(1988;1998)的观点,完整的课文表征系统包含三个层面:第一种是表面形式的阅读表征,这一层次的表征通常只有字的辨认和句法的分析;第二种是基于文本(text-base)的阅读表征,这种表征通常是指读者将阅读材料提供的信息转存进自己已有的知识经验表征中;第三种则是情境模式的阅读表征,是指读者在阅读过程中,经由适当的推论过程,使所阅读的文章内容与自身原有的知识表征产生联结,形成新的知识表征。但是,这些表征结构并不会在所有读者身上发生。读者阅读水平越低,其心理表征越倾向于表层形式;随着阅读水平不断提高,心理表征慢慢转向基于文本和情景模式的表征(杨双等,2006)。

听觉障碍学生阅读水平总体较低,他们的阅读活动以"自下而上"的信息加工为主,更多地限制于字词解码和理解,所以对字词层面上的同音字误用错误会有更好的监控和觉察,而对更高层面的经验错误和逻辑错误觉察能力相对较差。但较之低策略组学生,高策略组学生有着更多的"自上而下"加工的可能性,所以他们在构建更高层次的心理表征的过程中,对插入的可能影响整体情境理解的错误区域觉察能力更强,所以在这些部分表现出更多的注视和停留时间。

五、研究结论

(1) 听觉障碍学生对阅读中出现的错误之处能够有所觉察,但他们的理解监控能力普遍较低。高低阅读策略运用倾向的听障学生在基于自信度评价的理解监控分数上没有显著差异。

(2) 高阅读策略组听障学生对逻辑错误的觉察能力明显优于低策略组听障学生,表现出他们更强的构建文章心理表征的能力。

第六章　听觉障碍学生阅读策略的相关干预

在阅读能力的提升方面,阅读策略教学一直是研究者们最常采取的方法之一。无论是对于改善基础识字层次的问题,还是提升较高层次的文章理解能力,阅读策略教学都有相当良好的效果,特别是对低阅读能力者有显著的帮助。

对听觉障碍学生而言,听觉方面的障碍导致他们的语言能力低下,这些学生的词汇量少,知识面狭窄,对文字的理解及表达能力均显著落后于健听学生。而他们在阅读过程中又不善于使用策略或仅能使用较低层次的策略,导致其阅读理解能力一直停留在比较低级的水平。所以,透过阅读策略的教导及训练,使听觉障碍学生在阅读过程中能够运用适当的策略来协助自身建构文章意义,以最终达到阅读理解的目的,应该是当前聋校教师最为迫切的教学责任之一。

我们针对阅读策略的不同类型,结合阅读策略教学的一些典型模式,以听障学生为对象,展开了一系列干预研究,并取得了初步成效,也进一步证实了阅读策略训练在听障学生群体中的有效性和适用性。

第一节　初中听觉障碍学生阅读策略教学的实践研究

一、研究背景

笔者在前期的研究过程中,从认知策略、元认知策略,以及资源管理策略等维度初步构建了听障学生的阅读策略体系。认知策略直接面向阅读过程,以当前阅读材料及背景知识为加工对象,对其进行信息的选择、提取、加工和贮存,包括复述、精加工(精制)和组织等类型；元认知策略用于评价、管理、监控认知策略的使用,主要指读者能积极监控自己的阅读过程,能够在必要的时候采取适当补救策略,调整策略去解决阅读中出现的问题,包括计划策略、监控策略和调节策略三个方面；资源管理策略包括对时间资源的管理和利用、对环境资源的管理和利用,以及对自我情意资源的管理和利用等,它用以帮助读者调节环境、适应环境以迎合自己阅读的需要。

从对听障学生阅读策略运用情况的调查结果来看,这些学生阅读策略的运用水平较低,而且发展不均衡。听障学生使用最多的是低层次的复述策略,而其他如,组织策略、精制策略等运用较少,元认知策略运用的水平最低。

随着元认知理论研究的深入和发展,以元认知理论为基础的思维训练课程也应运而生。众多实践研究表明：较传统的思维训练模式而言,元认知策略和具体认知策略相结合的训练模式会更加有效。杜晓新等(2007)也在这方面做了很多积极的探索,他将组织策略、精制策略等和元认知策略的训练结合起来,并初步构建了较为系统的训练体系。我们参照该体系的训练模式,将阅读理解过程中认知策略的训练与元认知训练结合在一起,以初中二年级听觉障碍学生为对象,进行了为期八周的教学,取得了良好的效果。

二、研究对象与方法

(一)研究对象

以江苏某特殊教育学校初中二年级(8年级)听障班学生为研究对象。此班共31人,其中男生14人、女生17人,平均年龄16.9±1.5岁。所有学生此前均未接受过类似训练。

(二)实验方法

1. 测试材料

采用自编的"阅读理解测验"。初选适合初二年级听障学生阅读水平的20篇短文作为预测材料,短文长度均在500字左右。让不参与实验的其他同年级听障学生对短文难度进行了1—10分的评定,选取难度在5.5分左右的八篇短文作为测试用材料,将其随机分为A卷和B卷,分别用于前、后测试。每卷包含四篇短文,每篇短文后附五个单项阅读理解题。

2. 测量指标

(1) 阅读理解成绩。

在阅读理解测验中,每篇短文后面都有五道单项选择题。学生每答对一道题记为"1"分,回答错误则记为"0"分,所得的总分就是阅读理解成绩,满分为20分。

(2) 理解监控分数。

在阅读理解测验中,每道题回答完毕后,都要求被试对自己的回答结果给予自信度评价。"1"表示对自己的回答"完全有把握","0.5"表示对自己的回答"有一半的把握","0"表示"完全没有把握"。然后将被试实际阅读理解得分与相应的自信分按公式 $|D|=\sqrt{\sum(X_i-Y_i)^2}$(其中 X_i 表示被试阅读理解成绩,Y_i 表示每道题的信心分)进行计算。$|D|$ 值越小,说明被试的理解水平和自身的估计越趋于一致,则阅读监控能力越高;反之,则越低。将四篇短文的 $|D|$ 值相加,即为被试的理解监控总分。

3. 训练内容

结合对阅读策略相关维度的理解,我们确定了在阅读训练中要培养的认知策略主要有以下几种类型:① 激活背景知识:在阅读一篇文章之前先让学生回忆与文章有关的知识,激活头脑中储存的已有知识,让其处于备用状态。② 寻找关键词:把学生的注意力集中到有效的信息上,可采用做标记、画线等方式。③ 猜测:让学生通过语言线索、语境线索等猜测相关字、词的意思。④ 推断或联想:让学生以上下文为依据对作者希望表达而又未做明确表达的意思进行正确的推理,或根据当前阅读内容,进行恰当联想。⑤ 寻找中心句:也就是很快地抓住段落的核心意思。⑥ 预测:根据当前字、词、句的意思及上下文对文章后面的内容进行估计和预见。⑦ 复述文章内容:阅读完成后,用自己的语言对文章内容进行表述。

元认知策略的训练主要是让学生采用自我提问的方式来监控自己的阅读过程及阅读效果。比如阅读前,引导学生思考"我的阅读目标是什么?""我打算采用哪些阅读方法?"在阅读过程中,引导学生不断思考"我是否理解了文章?""我是否能分清哪些是文章的主要内容和次要内容?""我是否集中精力,效果是否达到?"阅读完毕,引导学生思考"阅读目标是否完成?""在阅读中有没有犯一些错误,今后可以如何改进?"等等。

参照杜晓新所提出的训练模式,笔者设计了如图6-1所示的训练流程,其中方框内为认知策略,菱形框内为元认知策略。

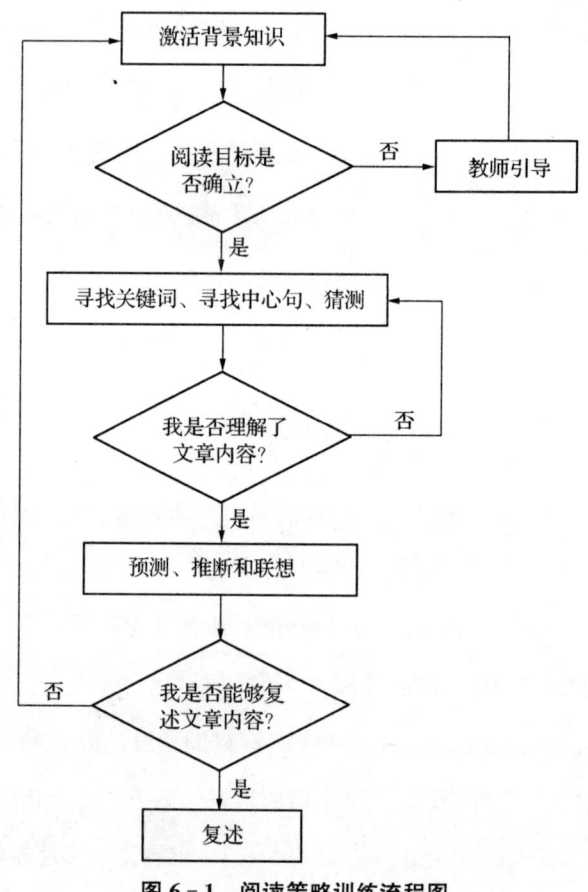

图6-1 阅读策略训练流程图

4. 实验程序

整个实验分为三个阶段:首先在阅读策略教学之前对班级学生进行阅读理解前测,该测验在教室内集体施测,时间大约30分钟;其次是为期八周的阅读策略教学,每周一次,每次训练时间大约30分钟左右。在每次教学过程中,教师都通过示范、举例等方式让学生分别理解相关策略的内涵及使用方法,然后结合具体范文,让学生按照图6-1所示的流程进行阅读训练;最后在八周的教学结束后对学生进行阅读理解后测,程序同前测。

三、结果

1. 实验班学生在教学干预前后的阅读成绩及监控分数变化

表6-1显示了实验班学生在前后两次阅读理解测验中的阅读理解得分及监控分数。从阅读理解得分的平均成绩来看,被试在两次测验中的阅读成绩普遍都不高,正确率在0.48—0.59之间,但经过教学干预后,听障学生的阅读理解有所提升。

表6-1 实验班在前后测中的阅读成绩及监控分数的差异性检验(N=31)

	前测		后测		t	P
	M	SD	M	SD		
阅读成绩	3.66	9.55	3.37	11.90	−8.40**	0.00
监控分数	0.70	5.73	0.81	4.17	9.01**	0.00

T检验结果显示,被试在两次阅读测验中的阅读理解成绩及监控分数都存在显著性差异。经过教学干预后,听障学生在阅读理解测验中的成绩显著高于前测,而监控分数显著低于前测。

2. 不同阅读水平听觉障碍学生在教学干预前后的差异性分析

为了了解干预训练对不同阅读水平听障学生的影响,我们根据阅读理解前测的阅读成绩及任课教师的意见,将全班学生又分为了高、中、低三个不同的水平组

(高于平均分 1 个标准差的为高水平组、低于平均分 1 个标准差的为低水平组,其余为中水平组),表 6-2 显示了不同水平听障学生在教学干预前后两次测验中的阅读成绩提高及监控分数变化情况。

表 6-2　不同阅读水平听障学生在教学干预前后的差异性分析(N=31)

	高水平		中水平		低水平		F	P
	M	SD	M	SD	M	SD		
阅读成绩提高	2.91	1.87	2.33	1.00	1.82	1.54	1.38	0.269
监控分数变化	-2.17	0.42	-1.88	0.82	-1.16	0.97	7.74**	0.002

单因素方差分析结果显示:在经过阅读策略教学训练后,高中低不同阅读水平的听障学生在阅读成绩提高幅度上差异不显著;在监控分数的变化上,三个水平组被试间存在显著差异。事后比较分析表明:中水平、高水平两组被试阅读理解监控分数的变化差异不显著,但这两组都显著大于低阅读水平组被试($P<0.01$),说明这两组被试在阅读监控能力的提升上比低阅读水平组更明显。

四、讨论与分析

1. 阅读策略教学训练在听觉障碍学生阅读教学中的有效性

本研究采用单组前后测实验设计,以阅读理解成绩和监控分数为指标,对听障学生进行了为期八周的教学干预。结果显示,虽然听障学生的阅读水平总体不高,但经过阅读策略训练后,他们在阅读理解后测中的阅读成绩有了明显提高,而且阅读监控能力也有明显改善。

因为本实验周期不是很长,而且在教学训练之外也没有对实验班学生施加其他干预,所以这一结果基本可以证实阅读策略训练在聋校阅读教学中的有效性,也和其他研究者的一些研究结论是比较相符的。

我国颁布的《全日制义务教育语文课程标准》明确提出,要培养中小学生"具有独立阅读的能力,注重情感体验,形成良好的语感,学会运用多种阅读方法"。就聋校语文教学而言,也要坚持以人为本、面向未来;要从促进听障学生可持续发展、培养他们适应未来社会能力的角度出发,把阅读策略教学或指导作为提升学生适应能力的重要途径,制订出一个策略指导的总体计划,有组织地、长期地对学生进行这方面的训练。

2. 阅读策略的训练模式

阅读策略的训练不能等同于阅读策略知识的传授。阅读策略的使用是一种程序性知识,是一种技能,而不只是一种陈述性知识的习得。所以阅读策略的习得应该从程序性知识获得的角度去训练,注重各种策略使用的条件,提高学生对策略使用的元认知水平,并进行大量的练习和实践。1987年,Pressly等率先在课堂环境中推广阅读策略教学,并在教学中探索出一些有效的策略教学原则,如示范运用、及时反馈、注重迁移等。本研究在遵循这些原则的基础上,将认知策略和元认知策略的训练结合起来,通过解释—示范—总结—迁移等环节教给学生具体策略的运用办法,增强了阅读策略教学的可操作性。

在元认知策略的训练过程中,我们主要运用了自我提问的方法,强化听障学生的理解监控意识。Dole(1991)认为,自我提问是学会监控理解的最为有效的方法之一。它可以激励学生确定阅读目的,辨认并突显出材料的重要部分,提出诸多需要理解文章后才能给予正确回答的问题。听障学生之所以不能进行有效阅读或者阅读效率不高,这和他们在阅读过程中缺乏内在的目标意识和监控意识有很大的关系。同健听学生相比,这些学生在阅读过程中的监控能力明显欠缺(刘晓明,2012)。如果听障学生能够在阅读过程中比较清楚地意识到有关阅读的一般目标、特定任务,以及影响当前阅读理解的关键因素,就能自觉地根据不同任务来合理分配时间和精力,把更有效的精力放在更关键的任务上,也更有可能去使用多种阅读策略。在阅读策略训练中,教师应有意识地以这些方法来加强训练,使学生在阅读活动中不断提高自己的阅读理解监控能力。

3. 阅读策略教学对不同阅读水平听觉障碍学生的影响

研究发现,阅读策略教学对不同阅读水平的听障学生的影响不同。在阅读理解成绩指标上,虽然三个水平组被试之间的差异不显著,但从均值来看,高阅读水平的听障学生成绩提高幅度最大,中等水平组学生次之,低水平听障学生的提升幅度最小;从监控分数的变化来看,低水平组被试在训练前后的变化幅度最小,而高水平组和中等阅读水平学生的变化较大,且与低阅读水平学生之间的差异比较明显。综合上述结果,我们认为,本实验情境下的阅读策略教学对高阅读水平及中等阅读水平的听障学生影响最明显,对低阅读水平学生效果不大。

这一结论与已有的一些研究结果并不一致。阅读策略领域的不少干预研究发现,策略训练往往对中等水平或中等偏下水平的学生很适用,但对高阅读水平学生的作用不大,可能的原因是这些学生在干预前已掌握并使用了比较多的策略,因此策略训练使他们的受益程度不如中等和低水平学生。

听障学生群体的阅读能力普遍偏低,即便是高水平组的被试在平时的阅读理解过程中对策略的运用能力也较差,所以阅读策略的练习和使用能使他们比较受益。但是对低水平的听障学生而言,尤其是初中阶段的听障学生,他们对文章的阅读很多还停留在字词解码阶段,单纯只靠策略训练是不能提高他们的阅读水平的。这也启示我们,在聋校阅读策略教学中应该要有针对性,对不同水平的学生要有侧重点,针对阅读水平尤其是语文水平较差的学生,在进行训练时,仍然要以基本的语言知识传授为重。

第二节 聋校阅读教学中组织策略训练的实验研究[①]

就聋校语文阅读教学而言,引导听障学生掌握文章的整体信息,进而概括文章的主旨,形成文章的组织结构是聋校阅读教学的重要任务。前期调查发现,聋校中、高年级学生把握文章宏观信息的能力较差,阅读时往往将大量的认知资源分配于对文章微观信息的认知,而忽视了对整体结构的把握,这在一定程度上阻碍了听

---

① 本节资料来源于华东师范大学杜晓新教授,特此感谢,原文刊发于《中国听力语言康复科学杂志》2008年第4期。

障学生阅读能力的提高。

一、研究背景

针对听障学生阅读中的此类问题,研究者拟将教育心理学的学习策略与聋校语文课堂教学紧密结合,采取组织策略训练的方法对听障学生的阅读进行训练。组织策略是学习策略的一种,它指向文章的结构,其主要功能是促进学习者对材料整体性的把握。如,在一篇完整的文字材料中,包含一些主要观点和具体内容,它们之间按一定的关系联系起来。组织就是首先将这些观点和内容以关键词或词组的形式概括为一些项目,再对项目加以分析、比较及归类,确定每类包含的项目数以及各类之间的关系,最后将各类与所属项目按已确定的关系联系起来,形成一个有序的结构。组织的具体方法就是组织策略。

对材料进行组织既是一个认知过程又是一个元认知过程。组织的认知过程主要体现在学生对材料进行有效归纳和概括;组织的元认知过程主要体现在学生对材料进行组织的同时,为了保证组织的效果,还需要对自己的组织过程进行自我计划、自我调节和自我评价。

为了验证组织策略对提高听障学生阅读理解能力和监控能力的有效性,研究者在聋校选择了部分中、高年级的班级,开展了聋校语文阅读教学中组织策略训练的课题研究。

二、研究方法

(一) 研究对象

表 6-3 实验对象分布情况表

年级	组别	总人数	男生	女生	年龄
4年级	实验班	21	10	11	13.0 ± 1.5
	对照班	11	5	6	13.4 ± 0.7

(续表)

年级	组别	总人数	男生	女生	年龄
6年级	实验班	41	23	18	15.2±1.7
	对照班	12	6	6	15.4±1.6
8年级	实验班	27	17	10	16.9±1.4
	对照班	31	14	17	17.5±1.7

从上海、浙江、安徽等地聋校中选择了4、6、8年级的听障学生为实验对象,具体被试分布情况见表6-3。

(二)实验材料

实验材料为10篇短文及测试题目,每篇约550字,每篇均附有六道选择题,所有题目以检测被试对短文的整体理解情况为主要目的。对材料进行预测后,调整了部分项目,最终形成了A、B两份平行测验材料。两份测验材料难度相当,每份材料包括五篇短文。随机选择A卷用于前测,B卷用于后测。所有实验材料均通过聋校语文教学专家的审核。

(三)实验步骤

1. 前测

各实验班、对照班同时用A卷进行前测,并且保证测试在一个星期内完成。前测的目的在于:确保训练前实验班、对照班在阅读理解和阅读监控能力方面没有显著性差异;收集数据,与后测数据进行对比和分析。

2. 训练

在实验班的语文阅读课上进行组织策略的训练,内容包括提取关键项目能力和组织关键项目能力的训练。其中,提取关键项目能力的训练包括:去除枝节、删除重复、代以上位、提取要义和自述要义等;组织关键项目能力的训练包括:线性结构、坐标式结构、网状结构的训练。

例如,在进行去除枝节的能力训练时,采用了下面的题目:

野菊花有许多功能。小时候,我到外婆家里玩。有一天,我爬上山坡摘野菊花时,不小心滑了一跤,脚上擦破皮,出血了,我直叫疼。这时,外婆马上摘下几朵盛开的野菊花,挤出汁后敷在我的伤口上。我觉得清凉清凉的。没几天,伤口就好了。外婆说,野菊花有消毒止血的功能。新中国成立前穷人治伤买不起药,就用干的野菊花熬水洗伤口,还真管用。外婆又说,野菊花还能消毒败火、治感冒。

问题:这段话中最能表达段落意思的三个词是什么?

本研究编写了21篇组织策略的训练材料。这些材料主要是适合听障学生阅读的课外短文,由实验班的教师定期安排学生进行阅读并回答问题。材料中的问题分为三类:① 填写文章的组织结构图;② 词句理解练习;③ 整体理解练习。对照班则按常规教学计划上课。

3. 后测

训练进行一年之后,各实验班、对照班同时用B卷进行后测,并且保证测试在1个星期内完成。后测程序与前测相同。

4. 成绩的评定

本实验的评判指标为阅读理解能力和阅读监控能力。阅读理解能力反映了被试对材料的概括、归纳及推理能力,评估时采用了五篇短文,每篇附六道测试题,答对记1分、答错记0分,满分30分。阅读监控能力反映了被试对自我阅读过程及结果的意识与评价能力,其评估方法是在被试每答一题后,要求其对自己的作答情况进行评价。评价分为三档:"很有把握"(即自己的回答一定是正确的)、"有点把握"(不能保证完全正确)、"没有把握"(自己的回答完全是猜测的结果),然后对三档评价分别赋予1分、0.5分和0分的信心分。被试每道题的得分记为$X(X_1, X_2 \cdots\cdots X_{30})$,对回答每道题的把握程度得分记为$Y(Y_1, Y_2 \cdots\cdots Y_{30})$。将被试实际阅读理解能力得分与相应的信心分利用空间距离公式($|D| = \sqrt{\sum(X_i - Y_i)2}$)进行换算,求得$|D|$值。由公式可知,阅读理解分数与信心分数越一致,$|D|$值就越小,而学生的阅读监控能力就越高。为了使$|D|$值与监控能力的变化方向一致,最后算得的监控分数是用常数3减去$|D|$值后得到的差,这样$|D|$值与监控能力就呈正相关了。

三、结果与统计

1. 实验对象在前后测中阅读理解能力的差异性比较

利用 t 检验分别对比三个年级组的实验班和对照班被试在前后测中的差异,结果见表 6-4。

表 6-4 被试在阅读理解前后测中的分数(M＋SD)及差异性检验

年级	前后测	实验班	对照班	t	P
4 年级	前测	8.19±3.1	10.0±6.2	−1.110	0.28
	后测	15.5±4.4	11.7±6.2	2.01	0.05*
6 年级	前测	9.71±4.7	11.3±3.2	−1.13	0.26
	后测	14.6±4.0	11.3±2.2	2.70	0.00**
8 年级	前测	14.4±4.9	12.2±4.4	1.78	0.08
	后测	18.6±6.1	10.5±4.3	5.16	0.00**

由表 6-4 可知,4、6、8 这三个年级在阅读理解测验中,实验班和对照班的前测结果均没有显著性差异(P 值分别为 0.28、0.26 和 0.08);但后测结果均表现出比较明显的差异(P 值分别为 0.05、0.00 和 0.00)。

2. 实验对象在前后测中阅读监控能力的差异性比较

因为被试年龄问题,实验中没有对 4 年级学生的阅读理解监控分数进行考察,6 年级、8 年级不同组别听障学生在阅读理解前后测中的监控能力得分及差异性检验结果如表 6-5 所示。

表 6-5 不同被试的阅读理解监控能力及差异性检验

年级	前后测	实验班	对照班	t	P
6 年级	前测	1.66±0.2	1.44±0.3	1.67	0.10
	后测	1.55±0.2	1.46±0.2	−0.19	0.85
8 年级	前测	1.59±0.2	1.50±0.3	1.21	0.23
	后测	1.67±0.5	1.43±0.2	2.29	0.03*

由表 6-5 可知,6 年级、8 年级学生在阅读监控测验中,实验班和对照班学生的前测结果均没有显著性差异(P 值分别为 0.10 和 0.23);在阅读后测中,6 年级听障学生两组间无显著性差异,但 8 年级两组被试间存在显著性差异(P 值分别为 0.85 和 0.03)。

四、分析与讨论

1. 实验班与对照班阅读理解能力前后测结果分析

从实验结果来看,对三个年级的实验对象而言,每个年级实验班与对照班阅读理解能力前测数据均无显著差异,而在阅读理解后测中则表现出比较明显的差异。从实验的整个教学过程来看,对照班在实验期间保持原有的教学进度和安排,没有进行额外的任何干预,而实验班在实验期间进行了为期一年的组织策略训练。因此,我们可以认为实验班与对照班后测阅读理解能力的差异主要是由于组织策略训练的实验处理造成的。

对上述结果可做如下解释:实验班的被试进行了组织策略训练,在此基础上,他们可以运用组织策略将文章的信息联结成网,并存储于长时记忆中,一旦认知目标与存储信息相匹配,便能有效地激活该存储系统,提取有关信息,完成认知任务;而对照班的听障学生由于未经过此类训练,学生对知识缺少有意识的组织,各知识点的联结较松散,从而造成提取困难,很难准确地达到阅读目标。从实验数据的分析来看,实验班三个年级的组织策略训练都表现出了预期的效果,这说明组织策略不仅能提高中年级(4、6 年级)听障学生的阅读能力,对于高年级(8 年级)听障学生阅读能力的提高也同样有效。这也进一步说明组织策略作为一种学习策略,在提高学生的阅读能力方面具有普适性。

2. 实验班与对照班阅读监控能力前后测结果分析

表 6-5 显示,6 年级实验班与对照班学生的阅读监控能力在前测中无显著性差异,后测也不存在显著性差异。但对于 8 年级学生而言,实验班与对照班在前测

中无显著性差异,但后测中的阅读理解监控能力存在显著性差异。这表明组织策略训练对提高高年级(8年级)听障学生的阅读监控能力是有效的,对于中年级听障学生的作用不明显。

由于阅读监控能力主要涉及被试的元认知领域,国外对儿童阅读理解元认知的研究发现,年龄小和阅读能力差的读者在阅读理解监控方面比年龄大和阅读能力强的读者差;能力强的读者比能力弱的读者能更好地监控、调节自己的阅读活动,拥有更多的元认知知识和更高的元认知监控能力。龚少英(2003)对普通学生阅读理解的元认知能力进行研究也发现,总体来说,从初一到高二,随着年级的升高,中学生的阅读理解元认知迅速发展,至高二达到比较稳定的水平。这说明组织监控能力与年龄有密切联系,学生年龄较小的时候,组织监控的能力往往也比较差,训练的效果也不尽理想。

五、结论与建议

通过研究,可以得出以下结论:组织策略训练能够提高听障学生的阅读理解能力;随着听障学生年级的增长,组织策略训练对阅读监控能力的作用逐渐凸显。因此,在聋校语文阅读教学的过程中要强化组织策略训练,具体可采用以下措施。

(1) 强化对提取文章关键项目能力的训练。具体可采取去除枝节、删除重复、代以上位、提取要义和自述要义等方法。

(2) 加强组织文章关键项目,形成组织结构图能力的训练。重点是训练听障学生运用组织策略,将文章的宏观信息组织成线性结构、坐标式结构和网状结构的能力。

(3) 利用组织监控流程图,强化学生阅读中的自我提问意识。教师要经常要求学生对自己阅读过程中的组织结果进行反思,加强学生各个阅读环节的自我提问,如:我能初步理解文章的内容吗?我对文章的组织合理吗?我能掌握及复述文章的主要内容吗？经常自我提问，久而久之，就变成了学生阅读中的自觉提问，便会形成良好的阅读监控策略。

第三节 不同认知灵活性听觉障碍大学生快速阅读能力训练的实验研究

当今社会是一个信息社会，阅读是人们获取信息的主要途径，也是人们认识周围世界的重要手段。在"信息爆炸"的今天，如何在短时间内获取更多有效信息已成为现代人必须要面对的实际问题。解决此问题的可行方法之一是提高阅读速度，进行快速阅读。快速阅读能力是阅读能力的重要组成部分，它是指读者能够在短时间内迅速理解阅读材料中的主要信息的能力。快速阅读包含两个方面的主要含义：一是具有较快的阅读速度；二是保证对阅读内容的准确理解。

近年来，国内外研究者围绕快速阅读做了大量研究，其中既有对快速阅读理论和机制的探讨，也有实践干预研究，还有部分研究者结合眼动设备，对快速阅读过程中的眼动模式进行了分析。大量研究表明，快速阅读训练对不同年龄、不同阅读水平的群体(包括小学生、中学生、大学生等)都有效果，可以提升他们的阅读速度。通过快速阅读训练，可以改变阅读过程中的眼动模式，在对阅读材料理解水平基本没有降低的前提下，提高阅读速度。当前，快速阅读已成为各国教育界十分重视的一个课题，许多国家都成立了全国性的阅读指导组织，并把快速阅读作为其重要的训练内容之一。

一、研究目的

对于丧失听力的听障学生而言，阅读的重要性不言而喻。但是与健听学生相比，听障学生普遍存在阅读能力低、发展速度慢的问题。而且从现实来看，听障学生在阅读过程中存在的诸多不良习惯如，指读、默读、逐字注视、频繁回视等也是导致他们阅读速度慢的重要原因。因此,在很多聋校的阅读教学中,已经把提升听障学生的阅读速度作为一项重要任务。

在阅读领域,认知灵活性与阅读技能之间的关系也是研究者关注的重点。认知灵活性(cognitive flexibility)是认知系统的一个重要属性,它有助于人们完成多重认知任务或者根据不断变化的任务需求找到新颖适宜的解决方案。Cartwright(2006)采用一般和特殊领域多维度分类任务,考察了7—11岁儿童认知灵活性与阅读理解的关系,结果显示认知灵活性可以作为预测儿童阅读理解水平的显著指标,他认为认知灵活性有助于儿童阅读技巧的提高。

考虑到阅读能力对于听障学生的特殊意义,本研究以听障大学生为实验对象,采用双组前后测实验设计,考察了快速阅读训练对听障大学生群体的适用性。研究目的有二:一是验证快速阅读训练对听障大学生阅读能力的提升是否有效;二是考察该训练对不同认知灵活性的听障学生的影响是否存在明显差异。

二、对象与方法

(一)研究对象

所有被试双耳听力损伤程度均在70 dB以上;失聪年龄小于4岁(语言发展之前);除听觉障碍外,无其他障碍;没有在普通学校读过书;智力正常;此前没有参加过类似训练。

以南京某高校一年级听障大学生为待选被试,结合学生前一学期语文考试成绩,选取成绩在65—85分之间的64名学生进行实验。随机抽取其中的32人作为干预组,另外32人作为对照组。后期训练中,因特殊原因干预组被试缺失2人,实际为30人。干预组男生13人、女生17人,平均年龄为18.87±1.32岁;对照组男生12人、女生20人,平均年龄为18.94±1.17岁。

(二)研究方法

1. 实验设计

采用2(干预水平)×2(灵活性水平)×2(测试时间)三因素混合实验设计。其中,干预水平为被试间变量,包含干预组和对照组两个水平;认知灵活性水平为被试间变量,分为高认知灵活性和低认知灵活性两个水平;测试时间为被试内变量,分为阅读前测和阅读后测两个水平。因变量指标包括:阅读速度、阅读理解率以及有效读速,三者间的关系为:

$$有效读速＝阅读速度×阅读理解率$$

2. 实验材料及工具

(1) 训练材料及测试材料。

训练材料包括注意力训练、识别间距训练等相关材料及课堂训练阅读文章。测试材料分为两部分,其中测试材料1用于训练前测,测试材料2用于训练后测,每份测试材料都包含四篇中等难度的文章,字数在550字左右,每篇文章后配有五个单项选择题,共计20题。

在测试材料编制过程中,首先选择了20篇短文,文体为记叙文和说明文,让不参与实验的其他同年级部分听障学生及语文教师对其进行五点难度测评。其中"1"代表"非常容易","2"代表"比较容易","3"代表"一般","4"代表"比较难","5"代表"非常难"。难度评定后选择了平均难度在2.8—3.1之间的八篇短文作为测试用文章,然后随机组合成前后测问卷。

(2) "大学生认知灵活性问卷"。

选用由Martin和Rubin(1995)编制、齐冰等人(2012)修订的"大学生认知灵活性问卷"进行测试。该问卷共包含13个项目,采用六级评分,"1"代表"非常不同意","6"代表"非常同意",得分越高,表示认知灵活性水平越高。问卷的Cronbach's alpha系数为0.85,重测信度为0.79,验证性因素分析结果显示该问卷具有较好的拟合指标,达到了心理学的测量要求。

3. 实验程序

在教室内对所选被试首先进行认知灵活性测验,集体发放问卷,完成后当场收回。根据测验结果将被试分为高认知灵活性组(33人:干预组16人,对照组17

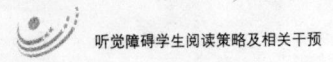

人)和低认知灵活性组(29人:干预组14人,对照组15人)。

阅读理解前测:测试在计算机机房统一进行,将前测问卷提前用Authorware软件进行编制,每篇短文和题目分别呈现。测验时,先呈现短文,被试阅读完毕后按键清屏呈现问题,然后依次完成所有测试,总测试时间为20分钟左右。

快速阅读训练:训练为期四周,每周二次,每次40分钟,由实验施测者主持,手语翻译人员进行协助。实验前,先向干预组的被试说明进行快速阅读训练的意义,以得到他们的配合。因为高度集中的注意力是保证快速阅读的前提,所以在每次训练过程中,都要把注意力的训练作为一项重要内容。训练时,先对学生进行注意力稳定性的训练;然后进行增大识别间距训练,让学生逐渐克服逐字逐词阅读的习惯,提高视点的识别间距;最后结合具体阅读材料,给学生介绍快速阅读方法和技巧,让学生在限定时间内快速阅读,并确保理解效果。在训练过程中,结合可能影响阅读速度的不良习惯,如默读、回视等,多次对被试进行纠正,并让他们在练习中逐步克服。

在干预时间段内,对照组被试同样进行阅读练习,但不接受快速阅读训练指导。

阅读理解后测:干预结束后,对两组被试进行阅读理解后测,方式及程序同前测。

4. 数据分析

阅读测验中,计算机自动记录相关实验指标。实验结束后,采用SPSS 17.0对数据进行整体统计和分析。

三、结果

1. 阅读速度指标

表6-6显示了不同组别听障学生在前后测阅读理解测验中的阅读速度。2(干预水平)×2(灵活性水平)×2(测试时间)三因素混合方差分析结果显示:干预水平的主效应显著($F=159.93, P<0.01$),认知灵活性水平主效应显著($F=9.68$,

P<0.01),测试时间的主效应显著(F=322.08,P<0.01);在交互作用方面,测试时间与干预水平之间的交互作用显著(F=221.57,P<0.01),测试时间与认知灵活性水平之间交互作用接近显著(F=5.98,P=0.058),其他交互作用不显著。

表6-6 不同组别听障大学生在前后测中的阅读速度(字/分钟)

	干预组		对照组	
	高认知灵活性	低认知灵活性	高认知灵活性	低认知灵活性
前测	271.62(27.44)	260.93(28.05)	270.47(30.75)	265.06(28.41)
后测	513.31(66.10)	453.07(37.03)	297.88(51.93)	278.20(24.29)

(注:括号内为标准差)

对测试时间与干预水平交互作用的进一步简单效应分析表明:在阅读前测中,干预组和对照组的阅读速度没有显著性差异,而在阅读后测中,两者的差异性非常显著(F=217.53,P<0.01),接受快速阅读训练的听障大学生阅读速度显著高于对照组学生。交互作用情况如图6-2所示。

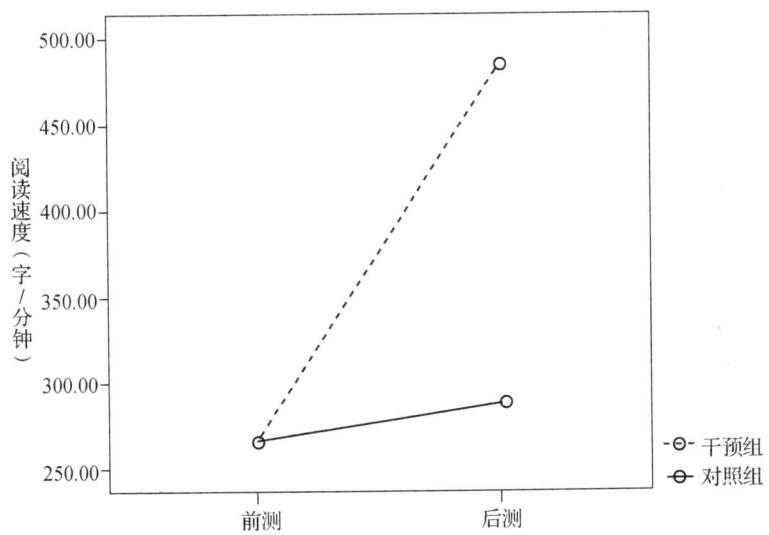

图6-2 干预水平与测试时间在阅读速度上的交互作用图

2. 阅读理解率指标

阅读理解率是在阅读理解测验中答对的问题数与问题总数之比。不同组别的听障大学生被试在阅读理解前后测验中的理解率如表6-7所示。2(干预水平)×2(灵活性水平)×2(测试时间)三因素混合方差分析结果显示:测试时间的主效应显著(F=4.96,P<0.01),干预水平的主效应不显著(F=1.269,P=0.265),认知灵活性水平主效应不显著(F=1.475,P=0.230);在交互作用方面,测试时间与干预水平之间的交互作用显著(F=11.26,P<0.01),其他交互作用不显著。

表6-7 不同组别听障大学生在前后测中的阅读理解率

	干预组		对照组	
	高认知灵活性	低认知灵活性	高认知灵活性	低认知灵活性
前测	0.56(0.080)	0.55(0.092)	0.56(0.099)	0.52(0.072)
后测	0.51(0.081)	0.47(0.055)	0.54(0.078)	0.54(0.065)

(注:括号内为标准差)

进一步的简单效应分析结果显示:在阅读前测中,干预组和对照组的阅读理解率没有显著性差异;但在阅读后测中,干预组的阅读理解率下降,显著低于对照组(F=12.94,P<0.01)。交互作用如图6-3所示。

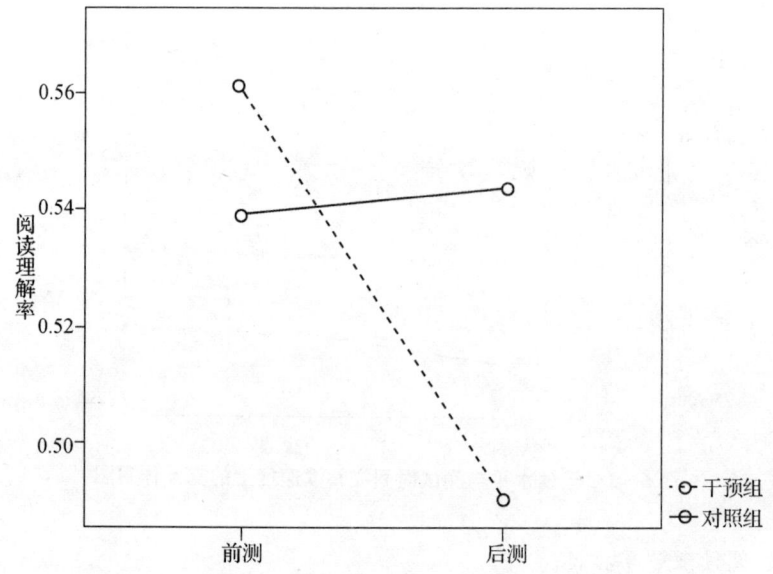

图6-3 干预水平与测试时间在阅读理解率上的交互作用图

3. 有效读速指标

单纯考虑阅读速度或阅读理解率,并不能全面反映被试的阅读效果,研究中我们将这两个指标结合起来,采用有效读速作为对被试阅读能力考察的指标。不同组别的听障大学生被试在前后测验中的有效读速如表 6-8 所示。

2(干预水平)×2(灵活性水平)×2(测试时间)三因素混合方差分析结果显示:干预水平的主效应显著（F=66.62,P<0.01）,认知灵活性水平主效应显著（F=10.99,P<0.01）,测试时间的主效应显著（F=80.35,P<0.01）;在交互作用方面,测试时间与干预水平之间的交互作用显著（F=48.31,P<0.01）,测试时间与干预水平及认知灵活性的三次交互作用显著（F=4.35,P=0.042）。

表 6-8　不同组别听障大学生在前后测中的有效读速（单位:字/分钟）

	干预组		对照组	
	高认知灵活性	低认知灵活性	高认知灵活性	低认知灵活性
前测	149.29(19.21)	147.98(30.99)	152.49(35.08)	137.21(25.68)
后测	257.19(37.73)	215.42(32.11)	160.95(29.69)	150.93(20.66)

（注:括号内为标准差）

对测试时间和干预水平之间的交互作用进行简单效应分析,结果表明:前测中,干预组和对照组的有效读速没有显著性差异;但在后测中,干预组的有效读速显著高于对照组（F=217.54,P<0.01）。对三次交互作用的简单效应分析表明:干预组高认知灵活性被试在前测中与低认知灵活性被试没有显著差异,但经过训练后,其有效读速显著高于低认知灵活性被试（F=5.46,P=0.017）,而对照组不同认知灵活性水平被试在前后测中并没有显著性差别。

四、讨论与分析

1. 快速阅读训练对听觉障碍大学生的适用性

从实验数据来看,听障大学生阅读理解率普遍偏低,而且阅读速度慢。在进行训练之前被试的平均阅读速度为 267 字/分钟,这同《初中语文课程标准》中对初中生提出的"阅读一般的现代文每分钟不少于 500 字"的标准存在不小差距。经过快速阅读训练之后,干预组被试的阅读速度及有效读速有了显著提升,而对照组被试没有明显变化。这说明快速阅读训练对训练对象来讲是有效的,该结论同闫国利、田宏杰等人早期所做的一些研究结果比较一致,也证明了快速阅读训练不仅在听力正常学生群体中适用,对听障学生同样有效。

阅读领域的眼动研究表明,在阅读中熟练的阅读者与不熟练的阅读者相比,前者的注视持续时间较短,注视和回视的次数较少。而听障学生在阅读过程中,往往表现出反复回视、注视点较多的特点,而且在阅读中很多听障生还会伴有默读、边指字边阅读等行为,这些都是导致他们阅读速度过慢的原因。此外,古德曼提出的"自上而下"的阅读理解模型认为,文章的阅读理解过程是一个"取样、预期、检验、证实"的过程,他强调了预期在阅读理解过程中的关键作用。在快速阅读中,这种"自上而下"的预期更加重要。台湾学者张蓓莉曾指出大多数听障学生在阅读中习惯使用自下而上、逐字阅读的策略,运用预期的能力较差。在训练过程中,我们有意识地对影响听障学生阅读速度的不良习惯进行了纠正,通过增大识别间距训练让被试减少注视点,并鼓励学生在阅读过程中积极利用已有知识对文章内容进行预测,通过这些方法,比较明显地提升了学生的阅读速度及有效读速,成效显著。

但是从阅读理解率指标来看,经过训练后,干预组听障大学生的成绩有所下降。这一结果同国内其他研究并不太一致,这些研究均指出快速阅读训练可以在阅读理解率不受影响的情况下成倍地提高阅读速度。笔者认为,阅读速度同阅读理解率是一种权衡关系,在一定范围内,如果要提高阅读速度,阅读理解率必然会受到影响。此外,Just 等人(1980)的研究发现,受过快速阅读训练的实验组被试对有关文章细节的问题回答得很差,而对有关文章中心思想和主旨的问题回答得比较好。本研究前期并没有对测验题目的类型进行细分,导致细节类题目所占比例过多,这或许和干预组阅读理解成绩下降有一定的关系,今后可做进一步考察。

2. 不同认知灵活性水平的听障大学生在实验中的差异性分析

研究显示,不同认知灵活性水平的听障大学生在阅读能力上存在一定差异。

高认知灵活性水平的被试在阅读速度和有效读速上明显高于低认知灵活性水平组。这说明认知灵活性与个体阅读能力之间确实存在密切的关系,这和 Cartwright(2006),以及闫嵘、俞国良(2006)等人的研究结果是比较一致的。Daza 等在最近的一项专门针对听障学生的研究中,也发现高阅读水平的听障学生在选择性注意、工作记忆和执行功能方面显著优于低阅读水平者,表现出更高的灵活性。在阅读理解过程中,读者需要同时保持并协调词语的音、形、义等多种表征,以便实现流畅阅读,这本身就是灵活性的体现。所以认知灵活性水平高的被试阅读能力才有可能更好。

研究还发现,接受同样快速阅读训练的听障学生认知灵活性水平不同,效果也有差别。对有效读速指标的三次交互作用分析显示:经过训练后,高认知灵活性水平组的被试有效读速显著高于低认知灵活性被试,这表明快速阅读训练的方法及方式对高认知灵活性水平者更加有效果。对其中原因进行分析,可能是在训练中,被试需要改变和调整原有的阅读习惯和方法,运用新的技巧进行阅读,而且还要逐渐脱离对语音表征的过分关注,在多种表征间灵活转换。这种要求显然是高认知灵活性水平被试更加适应。所以在今后的训练中,应该更多关注低认知灵活性水平的学生。

五、结论

(1)快速阅读训练对听觉障碍大学生具有较好的适用性,能显著提高其阅读速度及有效读速。

(2)高认知灵活性水平听障大学生的阅读速度及有效读速高于低认知灵活性水平的学生。快速阅读训练对于提高高认知灵活性水平听障大学生的有效读速更有效果。

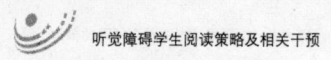 听觉障碍学生阅读策略及相关干预

第四节 听觉障碍大学生阅读理解元认知能力训练的个案研究

元认知在阅读过程中的作用已得到大量阅读研究的证实和阅读心理学家的普遍认可。Pessley等人甚至认为,是否会使用元认知策略已经成为区别熟练的阅读者和非熟练的阅读者的关键。只有当阅读者在一定程度上意识到了自己的阅读过程,才能监控这种过程,并在察觉到问题出现时及时采取补救措施。熟练的阅读者往往能主动地设置阅读目标,对自己的阅读过程进行监控和校正,能够及时意识到出现的问题和困难,并且能主动地注意它,想办法解决它。而非熟练的阅读者则很少这样做。

一、研究背景

如前所述,听障学生在阅读中的元认知能力普遍较差,尤其是监控能力。阅读理解过程中他们更多地关注字词层面的理解而忽略对整篇文章的理解和对过程的监控,他们很难意识到自己的理解环节在哪些方面出现了问题,即使意识到了也很少进行补救,最终导致的结果就是未解决的问题不断堆积,严重影响对文章整体的理解。

元认知作为阅读心理研究领域的一个重要研究方向,无论在理论上,还是在实践中都取得了长足的进展。国内外在元认知策略训练方面,都有许多卓有成效的研究。这其中,以自我提问策略为主的训练模式一直都受到人们的关注和重视。传统阅读教学中,往往以教师提问为主,而学生提问则不受重视。但Singer(1978)的研究发现,在促进理解方面,学生提出问题比教师提出问题更为有效。

Dole较早提出了阅读理解中的自我提问策略。Andre M.(1979)等人发展和检验了这一策略。他们认为,自我提问整合了许多元认知的成分,它可以鼓励读者确定学习的目的;辨认并突出材料中的重要部分;提出诸多需要理解课文后才能给

予正确回答的问题;考虑对问题的可能性的回答。训练结果表明,自我提问策略能够导致学生积极地监控自己的学习活动,并且能够使他们采取具有一定策略的行动,促进儿童阅读理解监控能力的发展。为了验证该策略对听障学生的有效性,我们采用个案研究的方法,结合自我提问策略的指导和运用,对一名听障大学生的阅读理解元认知能力进行了提升训练,并结合训练过程和结果进行了分析和探讨,以便为听障教育的实践者提供一些借鉴和参考。

二、个案基本情况

小A,女,19岁,现就读于南京某职业技术学院设计专业。2岁时因肺炎高烧用药致聋,听力损失左耳65—80分贝、右耳75—90分贝,介于二级聋和一级重听之间,平时交流多用手语,口语表达能力很差,智力正常。

小A性格比较开朗,但也比较急躁。在平时课堂中,表现比较活跃,能按照教师要求完成相应活动,积极进行思考,但成绩不是很理想。尤其是阅读,是让她比较头疼的事情,在平时的阅读练习及语文考试的阅读部分,失分都比较严重。通过与小A的交流,了解到她还是有一定的阅读兴趣的,但没有形成良好的阅读习惯,平时在课外阅读不多,没有什么明确的阅读目的和计划。小A阅读经验贫乏,当研究人员询问她在平时阅读中会使用哪些方法或技巧,她几乎回答不上来。考虑到小A在阅读方面能力的欠缺以及她本人的意愿,研究者决定选择小A作为个案进行元认知策略训练。

三、训练过程及实施

(一)研究设计

本研究共持续九周,采取单一被试研究法的A—B设计。第一周基线期为训练前的访谈和前测阶段,该阶段只评量,不进行教学干预。采用自编的"阅读理解测验"对被试施测,以阅读理解成绩及理解监控分数为测量指标,评量被试原有的阅读水平及阅读理解监控能力。该阶段共进行阅读理解测验四次,每周二次。

第二阶段为干预期,为期八周,主要通过自我提问策略的教导对小 A 进行元认知策略的训练,督促其在课外多加练习。该阶段在每周末运用自编的阅读理解题对小 A 进行一次测试,获取相关参数指标。

(二)测量工具

自编"阅读理解测验"。选用适合被试阅读水平的现代文 24 篇,每篇字数在 1 000 字左右,短文后附五个单项阅读理解题。将短文随机组合,每两篇组成一套测验问卷,共 12 套,分别用于每个阶段的测验。测量指标包括阅读理解成绩和理解监控分数。每套测验有 10 个选择题,答对一道题记为"1"分,回答错误则记为"0"分,所得的总分就是阅读理解成绩,满分为 10 分。理解监控分数的计算方法同前。

在阅读理解测验中,每道题回答完毕后,都要求被试对自己的回答结果给予自信度评价。"1"表示对自己的回答完全有把握,"0.5"表示对自己的回答有一半的把握,"0"表示完全没有把握。然后将被试实际阅读理解得分与相应自信分按公式 $|D|=\sqrt{\sum(X_i-Y_i)^2}$(其中 X_i 表示被试阅读理解成绩,Y_i 表示每道题的信心分)进行计算。|D|值越小,说明被试的理解水平和自身的估计越趋于一致,则阅读监控能力越高;反之,则越低。将四篇短文的|D|值相加,即为被试的理解监控总分。

(三)训练过程

整个训练过程包括示范阶段、练习阶段和迁移阶段三个环节。

1. 示范阶段(第二周)

该阶段的主要目的是让被试理解和熟悉自我提问策略的相关知识、方法及步骤。通过事先确定的自我提问流程单,研究者按顺序分步骤解释操作过程,并结合阅读理解的过程进行示范,说明每一步的含义和用途,让被试总结内化这些策略步骤。

2. 练习阶段(第三至七周)

在这一阶段的每次训练中,都由研究者给小 A 提供阅读材料两篇,要求被试在阅读过程中练习运用前面学习的元认知策略。结合阅读的过程,研究者将元认知策略的运用细分为四个阶段,分别为概览阶段、整体感知阶段、文章解析阶段、检测反思阶段,每个阶段分别渗透着元认知的内容和方法。

(1) 概览阶段。

在阅读开始之前,让被试计划用多长时间看完这篇文章,根据标题预测文章大意,联系已有知识背景,让被试回忆与这篇文章相关的知识,如这篇文章作者的写作风格、相关作品等,明确阅读目标。

(2) 整体感知阶段。

该阶段是在第一阶段基础上,训练被试带着问题去浏览文章。在浏览的时候注意这篇文章是不是有生字、生词？自己是不是具备了必需的知识？必要的时候通过做标记等方式来确定文章的重要信息,建立对文章的整体印象。

(3) 文章解析阶段。

在此阶段细读文章,通过自我提问、自我回答等方式,引导被试在阅读过程中关注"我是否理解这些话、这个段落的意思？""这些句子(段落)有前后矛盾的地方吗？""哪个地方对我来讲是个难点？"等问题。

(4) 检测反思阶段。

这是在文章的整体阅读结束之后,引导被试进行的反思。这一环节涉及的元认知内容主要是让被试对文章的理解情况进行评价,学会反思,培养反思的习惯。

针对以上环节,研究者把涉及的自我提问的问题进行了归纳和总结,形成了自我提问流程单,如图6-4所示,训练被试在阅读过程中按照流程单的步骤依次进行四个环节的阅读。

3. 迁移阶段(第八至九周)

在训练的最后一个阶段希望被试能够将学习到的元认知策略阅读方法迁移到训练情境之外的场合中。该阶段没有研究者的监督,被试自己在课外阅读和平时的课程学习中自觉运用相关策略,并接受每周一次的阅读理解测试。

> (1) 从文章的题目来看,可能会讲什么内容?
> (2) 我计划用多长时间读完这篇文章?
> (3) 关于这个内容,我以前知道哪些?
> (4) 浏览完一遍,这篇文章有什么特点?
> (5) 我是否理解这些内容的意思?
> (6) 我如何解决阅读中遇到的这些困难?
> (7) 我是否完全理解了这篇文章?还有哪些地方不懂?
> (8) 我能否概括出这篇文章的主要内容是什么?

图 6-4　自我提问流程单

四、训练结果

表 6-9　个案 A 在历次阅读理解测验中的阅读成绩及理解监控分数

测试次数	1	2	3	4	5	6	7	8	9	10	11	12
阅读成绩	5	6	4	5	6	5	6	8	7	8	7	8
监控分数	2.41	2.38	2.14	1.98	1.57	2.01	1.45	1.35	1.25	1.52	1.41	1.37

(注:1—4 次为基线期数据,5—12 次为干预期数据)

被试在历次阅读理解测验中的得分情况及理解监控分数如表 6-9 所示,从数据来看,被试在干预阶段的阅读理解成绩要优于基线阶段,理解监控分数低于基线阶段。T 检验结果分析显示,不同阶段这两项指标均达到显著性差异($t_1=-2.93,P<0.05;t_2=5.36,P<0.01$)。

五、讨论与分析

1. 关于训练效果

从基线期和干预阶段的数据对比来看,经过元认知阅读策略的训练,被试的阅读理解能力有所提升,而且阅读监控能力明显增强,这说明本研究的干预过程是有效的。在干预训练之前,小 A 在阅读理解方面的技巧非常欠缺,对元认知策略知之更少。这从某种程度上也反映了听障学生群体的一个普遍现状。通过元认知阅读策略的训练,被试在阅读理解测验中的平均成绩提升了 1.87 分,对阅读的理解监控能力也有了非常显著的提升。这说明了听障大学生群体对元认知策略训练的可接受性,也进一步证明了阅读策略的可训练性。被试训练结束后的访谈表明,通过训练,小 A 的阅读兴趣及提高阅读能力的动机均有所增强,被试自己表示"现在也愿意多去找些文章来看""想掌握更多的阅读技巧"。

2. 关于训练方法

在本研究的被试训练中,我们主要采用了自我提问的策略方法,强化被试的监控意识,让学生学会自我反思。反思是让学生对阅读情况进行自我评价的过程。是否具有自我评价、自我监控的意识和习惯,是衡量元认知水平的重要标志。

Collins(1980)曾指出,阅读理解的失败,很多时候往往是和不能提出有效的问题有关。实践证明,作为一种能确保学生对阅读理解过程实施有效监控的元认知策略,自我提问在促进理解方面发挥着重要的作用。在这种监控作用下,学生能够主动地适应阅读目的及要求,调整阅读方法,监测阅读成效。推而广之,针对听障学生阅读监控能力低下的现状,教师在阅读教学中,应注重引导学生树立目的及要求意识,学会灵活运用自我提问的阅读策略,使之成为阅读认知活动的有效调节机制。当然,学生对于技能的掌握是一个循序渐进的过程,尤其阅读过程中的策略学习更是如此,因而元认知的培训需要长期进行,并且最好是结合语文学科日常教学进行。

本研究由于受时间和条件的限制,只对一例个案进行了干预,且在研究设计方面,只是单纯地安排了一个基线期和干预期,没有对可能影响实验结果的额外变量做过多控制。在今后的研究中,可以考虑进一步扩展干预对象、改进研究设计,更加有效地考察元认知训练对听障学生的影响,并形成有效的干预模式。

结　语

阅读是一种极具个性化的活动,是学生建构知识、培养能力的重要途径。在阅读过程中,阅读策略的灵活运用是促进阅读理解、提高阅读效率的有效手段和基本保证。我们从阅读策略和学习策略的关系出发,参照 Mckeachie 等人(1990)对学习策略维度的划分,并结合对聋校听障学生及语文教师的个别式访谈,构建了基于认知策略、元认知策略和资源管理策略三个维度的听障学生阅读策略体系,并据此编制了"听觉障碍学生阅读策略问卷"。经检验,该问卷具有较好的信度和内外部效度,对听障学生在阅读理解中的策略运用能力具有良好的鉴别力。结合眼动技术的运用,我们对不同策略运用水平的听障学生在阅读理解中的特点及理解监控情况进行了分析;通过一系列前后干预实验,我们有针对性地对听障学生群体的阅读策略运用能力进行了提升训练,取得了初步成效。

一、听觉障碍学生阅读策略的运用状况及特点

1. 听觉障碍学生阅读理解过程中策略运用的整体状况

以自编的"听觉障碍学生阅读策略问卷"为评估工具,我们对不同年龄层次、不同性别的听障学生在阅读过程中的策略运用情况进行了调查与分析。结果显示,听觉障碍学生在阅读过程中策略运用的整体水平偏低,策略总分在中值以下水平,这说明绝大多数学生在平时的阅读过程中并不善于运用阅读策略。

我们认为,造成这种现状的原因是多方面的。由于词汇量的缺乏、对语义理解的局限以及语法觉知能力不佳等方面的原因,听障学生在阅读中经常出现对字词、句子意思的误解;而他们还因为阅读时需要投入更多的认知资源用于词义、句子解析,无法将这些资源平均用于意义建构、篇章凝聚、提取先前知识等过程当中,从而

导致阅读效率低下以及策略运用能力不足（锜宝香，2000）。另外，听障学生阅读策略总体水平偏低也可能与他们不良的自我知晓感有关。Ewodlt 等人（1986；1992）的研究发现听障学生自我报告的阅读策略和他们在阅读中实际运用的阅读策略往往存在很大的差异，表现出较差的自我知晓感。据此，我们猜测听障学生在阅读过程中或许也在应用某些策略，但他们自己可能没有意识和觉察到，这也反映出他们在阅读过程中的理解监控能力较差。

从策略运用的具体类型来看，不同维度的阅读策略在运用频次上也表现出明显的差异。总体而言，听障学生在阅读理解的过程中对认知策略和资源管理策略运用得相对较多，而元认知策略运用得最少，这体现出听障学生阅读策略发展中的不均衡性，也反映出不同策略在阅读理解过程中应用层次上的不同。比如，听障学生最常使用的复述策略只作用于阅读活动的初级加工阶段，属于比较低层级的策略，所以能被听障学生比较普遍地加以利用。而精制策略、组织策略等则反映了对阅读材料的更深层次的加工，对读者能力要求更高，所以发展较慢。

认知策略与元认知策略的区别在于对"知"的程度上，前者知之较浅，后者知之较深；前者是知识，后者则是比知识高出一层的认知，需要读者对自己的阅读加工活动具有更好的整体把握和调控能力，所以发展得较为迟缓。在过去一些有关高阅读能力者与低阅读能力者的比较研究中，很多研究者也发现阅读能力低者多有元认知能力较弱的问题（Clark，1985；Kanfman & Randlett，1985）。

2. 听觉障碍学生阅读策略运用的个体差异性分析

不同年级、不同性别的听障学生也在阅读理解过程中表现出诸多策略运用上的不同。从年龄差异来看，随着听障学生年级层次的升高，其阅读策略的运用能力也在不断提升，这说明学生阅读策略的发展是有阶段性的。

关于策略发展的阶段性业界有不同的解释。Flavell(1987)认为，策略的发展是可以分阶段的：在第一阶段，学生不知道有策略，也就不能使用策略，此阶段称为"运用性缺陷"(availability deficiency)；在第二阶段，学生虽已知道策略，但却无法自发地产生有效的策略,此阶段称为"生产性缺陷"(production deficiency);第三阶段,学生不仅知道策略,而且能自发而有效地使用策略。Miller从策略运用的生成缺陷和策略可用性缺陷存在的事实出发,认为策略运用缺陷现象是普遍存在的,是儿童策略发展过程中的必要一环(刘电芝,黄希庭,2002)。

在我们调查的被试中,大学组听障学生在阅读过程中运用策略的能力显著高于初中组和高中组的学生,而高中组和初中组只在部分策略层面上存在差异。从这一事实出发,我们认为,对于听障学生而言,高中阶段可能是其阅读策略发展和丰富的关键时期,在此之前,其策略发展仍然停留在比较低级的阶段,研究表明听障学生的这一发展关键期要滞后于健听学生(曹锋,朱曼殊,1989;周龙兴,1999),究其原因可能还是在于听障学生整体阅读理解能力的发展迟缓以及最终发展水平的低下。

性别差异方面,听障女生在阅读策略的运用方面总体水平优于男生,在三个维度及总分上的平均分值均高于男生,而且在资源管理策略维度和策略总分上体现出显著性差异。具体到各项分策略而言,这种差异最主要的体现在组织策略、调节策略、情意资源管理策略的运用方面。

二、不同类型听觉障碍学生阅读理解中的眼动特点

我们设计了系列实验,对听障学生在不同条件下阅读理解中的眼动特点进行了研究,并比较了不同阅读策略运用水平的听障学生在阅读理解指标和眼动模式上的区别。结果发现,不同阅读策略运用水平听障学生之间在某些眼动指标上存在明显的差异。总体而言,在阅读过程中,高阅读策略水平组的学生比低策略组的学生注视次数少,眼跳距离大,而且回视次数也少,表现出特有的眼动模式。需要特别指出的是,不同阅读策略组听障学生之间的这种差异和阅读条件有关。从研究结果来看,在自然阅读状态下,两组被试在上述眼动指标上差别不大。但在快速阅读条件下,高策略组被试能根据阅读的要求,及时调整阅读模式,通过减少注视次数、增大眼跳距离、减少回视次数等方式来提高阅读速度,表现出阅读的灵活性,

而低策略组被试在这方面的表现则相对较差。

如何理解不同类型听障学生之间的这种差异呢？原因或许是多方面的。首先，这可能和他们对阅读目的本身的理解及认识有关。我们知道，阅读的基本目的是理解阅读材料的意义，这个目的是否明确，将直接影响到阅读的效果。Baker等人(1984)的研究表明，年龄较小和非熟练的阅读者往往缺乏对阅读目的的意识，他们只是把阅读作为一种译码的过程，而不是把它作为一个获得意义的过程。结果，他们往往使用促进字词理解的阅读策略，而不是抓中心思想的策略。我们猜测，低策略组被试在阅读过程中可能也是过多地关注对局部字词的理解，而忽视了材料之间的联系以及对材料整体意义的获取，实验中过多的注视次数和较短的眼跳距离反映了他们对字词的局部加工特点。而高策略组被试对阅读目的的认识更加清晰一些，他们可以从整体层面上去理解和看待阅读，而不是仅仅局限于字词释义。在不同的阅读条件下（如，快速阅读），他们也能够及时调整眼动模式来适应这些任务，例如，通过减少注视次数、增大眼跳距离来提高阅读速度、保证阅读效率。

另外，不同类型听障学生的这种差异或许也反映了他们自身信息加工能力的不同，比如，在工作记忆方面。有关工作记忆结构、功能和容量的研究(Just & Carpeter,1992；贺荟中,2006；)表明，工作记忆是影响语篇理解中个体差异的重要因素。从实验结果来看，过多的注视次数、较小的眼跳距离都暗示出低策略组被试对阅读材料的信息保持量低、记忆质量差，需要依赖多次注视来整合信息。而且，字词信息加工能力的低下，使得他们每次只能对少量信息进行加工，对相同信息进行重复加工，进而表现为回视次数上的增多。不同阅读策略运用水平的听障学生是否存在如工作记忆等普遍信息加工方面的差异，还有待于我们今后做进一步的探索。

三、听觉障碍学生阅读过程中的理解监控及其眼动特点

我们通过错误觉察任务、自信评估任务以及眼动技术的结合，考察了听障学生

对短文插入错误处的觉察和监控情况。从基于自信心评估的监控分数来看,听障学生的理解监控能力普遍较差,阅读理解得分和自信度评价之间存在很大的差异,反映了被试在阅读理解过程中的元认知水平较低,这和我们在前期研究中得到的听障学生元认知策略运用能力较差的结论是一致的。

但是,元认知水平低并非意味着没有监控。从兴趣区内注视点的持续时间来看,听障学生也觉察到了短文中的错误之处,他们对插入错误处的注视点的平均注视时间显著高于其他没有错误的区域。注视点持续时间的增加反映了读者对当前阅读内容投入了更多的注意资源,说明被试对插入的错误之处还是有所察觉的。研究表明,当读者阅读较困难的文章或在阅读中遇到难以理解的内容时,注视点的持续时间会增长。Rayner 等人(2006)在最近的一项研究中,也发现被试在短文阅读中,当注视前后内容不一致的区域时,注视的时间显著增长,这和本研究的结论是比较相符的,也说明听障学生在阅读中确实存在一定程度的监控。

在对兴趣区相关眼动指标的分析中,我们还发现不同阅读策略运用水平的听障学生表现出较为明显的差异。高策略组的学生比低策略组的学生表现出更多的注视次数、更长的停留时间,这反映了高策略组学生较之低策略组学生有着更强的理解监控能力。而且,在不同性质的错误类型上,不同阅读策略的学生表现不同。总体来讲,高策略组被试对逻辑错误的监控优于低策略组被试,而在经验错误和同音字误用两种错误上,两组被试差异不大。

结合 Kintsch(1988)关于阅读理解的"建构—整合"理论以及他所提出的阅读表征的三个层面(表面形式表征、文本基础表征和情境模式表征),我们认为,高策略组听障学生在阅读过程中有更强的情境模式表征能力,而在形成表面形式表征和文本基础表征的能力方面与低策略组被试差异不大,所以才表现出对文章中出现的影响情境表征建构的逻辑型错误觉察灵敏度更高,而在觉察影响表面形式表征的同音字误用和影响文本基础表征的经验型错误上没有优势。

四、听觉障碍学生阅读理解中的信息加工方式

信息加工的观点将阅读看成是对文本进行解释的过程。在阅读理解过程中,字词符号本身所带来的视觉信息需要通过一系列的转化,变成有意义的词、句,对这些信息的加工遵循从低层次的字词识别到高层次的意义提取的过程,这便是"自下而上"的加工(Gough,1985);同时,读者也会使用已有知识与文章脉络信息对将要阅读的内容进行假设,通过假设、预测来理解文章的意义,这便是"自上到下"的加工(Goodman,1976)。所有的读者在阅读过程中对信息处理的方式,通常是"自上而下"和"自下而上"这两种处理过程同时发生且产生交互作用(Rumelhart,1985)。只是随着阅读能力发展阶段的不同、文章熟悉度的高低、材料难易度的大小以及语法复杂与否等因素的不同,读者在其阅读过程中会不断地调整其阅读策略,"自上而下"或是"自下而上"的处理过程也会呈现出一种互为消长的动态变化(陈明蕾,柯华葳,2006),图1所呈现的即是这两种阅读机制在读者阅读发展过程中互为消长的情形。

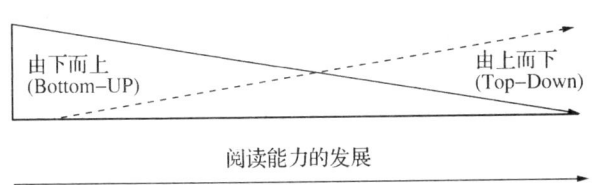

图1 阅读能力发展过程中两种阅读机制的消长(陈明蕾,柯华葳,2006)

由于阅读能力发展的限制,听觉障碍学生的阅读理解更多地体现为"自下而上"的信息加工,注重和强调对字词的识别和解码。但他们同样也具备利用预期、依靠概念"自上而下"地对阅读材料进行加工的能力,只不过这种能力存在很大的个体差异。台湾学者张蓓莉(1991)曾指出大多数听障学生在阅读中习惯使用"自下而上"、逐字阅读的策略,对使用"自上而下"策略相对频繁的听障学生而言,其阅读表现会更佳。Brown和Brewer(1996)的一项研究则调查了不同阅读能力的听

障者在进行预期推理时的差异,结果发现高阅读能力听障学生在预测推理时同健听学生没有太大差异,但低阅读能力听障学生却表现出较高的错误率,这也表明听障者在"自上而下"加工方面存在显著差异。

我们在研究中也发现,不同类型听障学生对阅读材料进行预期加工的能力存在差异。通过标题及内容提示引发的对阅读材料的预期显现出对低策略组被试更强的帮助作用,而对高策略组学生的促进作用不明显。这可以理解为高阅读策略运用倾向的听障学生运用预期的能力更高,无论有无阅读提示,他们都能比较主动地建立对文章的良好预期,所以对外界提示的依赖性更小。在前面的实验中,我们又发现高策略组听障学生比低策略组听障学生有更强的构建文章情境表征的能力,这也是"自上而下"加工能力更强的体现。通过上述分析,我们认为较之低阅读策略运用学生,高阅读策略运用倾向的听障学生在阅读理解中具有更好的"自上而下"对材料进行加工的能力,这种能力也外在地体现在他们具有更强的阅读理解能力上。

五、听觉障碍学生阅读策略的教学及干预

关于阅读策略教学,在实施方式上有两种不同的倾向:一种是直接传授式,强调对策略的明确解释和示范,教师要说明每种策略的名称、含义和用途,按顺序一步一步解释操作过程,告诉学生每一步做什么,为什么要这样做,让学生总结内化这些策略步骤;另一种属于隐性教学,该方法认为,学生在练习操作中会自然而然地丰富和获得关于阅读策略方面的知识,无须对他们进行直接的传授和培养。实施过程中,教师为学生提供阅读材料,引导学生进入某种阅读情境,为学生提供一个灵活的框架激发他们在阅读时边想边说,就阅读材料进行详尽的对话(自言自语或自问自答等)。

这两种方法各有千秋,前者目的性强,传递的信息较多,但学生的体验少、内化功能不强;后者强调个体的认知体验,有助于策略的内化,但教学目的不明确、耗时

多、效率低。实验证明,直接教学对阅读困难学生和中差生很适用,但对优生的作用不大;而隐性教学对成人或阅读水平较高的学生比较适用。

我们在针对听障学生阅读策略的教学实践中,实际上是将两种方法整合了起来,无论是集体教学还是个案研究,都是以教师的直接指导为主,通过教师的示范来传授策略的使用方法,尽可能使学生准确地理解每种策略及它的适用条件;同时强调学生的元认知体验,给学生提供机会让他们独立思考或相互交流,使他们在学习过程中自觉地发现和掌握策略。在实际教学中我们发现,这种直接指导结合元认知体验的方法强调了教师明确的示范和指导对阅读水平较弱的听障学生的作用,又可以在一定程度上激发听障学生主动参与意义建构的过程,符合学生的认知特点,能够促使其掌握和使用相关阅读策略、提高阅读理解水平。

阅读策略的发展是阶段性的,从"运用性缺陷"到"生产性缺陷",再到能够灵活自如地运用策略,不同阶段的学生表现出不同的对策略的理解和驾驭能力。我们在研究中发现,不同年龄层次的听障学生在策略运用中的总体水平虽然普遍较差,但在具体策略的应用方面,仍然存在很大差异。随着知识的积累和阅读经验的增加,高年级学生的策略运用能力显著优于低年级学生,而高中阶段则可能是听障学生阅读策略发展的关键时期。所以教师在进行策略教学时,应结合学生的实际为其提供符合其策略发展特点的教学,对不同层次、不同类型学生应有所侧重。对低层次者应偏重于策略意识的培养、良好阅读习惯的养成。可以藉由灵活多变的教学设计,透过师生的对话及互动,让学生尽早通过策略发展的前两个阶段,进而达到第三阶段。对高层次者的教学应注重阅读策略的灵活运用及迁移,为其提供更多的应用和实践机会,促进策略的内化。

而且,阅读策略是多元化的,不同策略对应于阅读理解的不同层面及过程。考虑到听障学生的实际阅读能力,在对他们进行策略训练的过程中,我们是应重视和加强其对"自下而上"的阅读策略(如,字形辨认、背诵、抄写、画线等策略)的习得和运用,但同时也应有意识地促进他们基于"概念驱动"的阅读策略的形成,引导学生积极利用先前知识、上下文关系、文章标题等对文章内容进行预期和推测,"自上而下"地对阅读材料进行加工和组织,在更高层面上建构对文章的整体心理表征,真正通过阅读达到理解的目的。

六、未来研究展望

(1) 听觉障碍学生策略运用眼动特点的研究反思。

我们采用眼动追踪技术,对不同阅读策略运用水平的听障学生阅读理解中的眼动特点进行了研究。但这些实验都是以听障大学生作为实验对象,没有涉及其他年龄层次的学生,所以研究结果无法体现不同年龄层次的学生在眼动模式方面的发展特点,无法预知不同年龄段、不同类型学生在眼动模式上的差异。今后的研究应拓宽对这方面的考虑,针对不同年龄层次的听障学生,考察他们在运用不同策略阅读时眼动模式的特点。

(2) 听觉障碍学生阅读策略能力干预的研究反思。

我们通过教学干预的方式,证实了阅读策略教学在听障学生群体中的可行性和适用性。但从干预过程来看,无论是针对班级群体的实践教学,还是个案训练,干预时间都不算长。而策略的内化需要一个过程,对于阅读水平和阅读基础较差的听障学生而言,可能需要更长的时间。因此,在一个相对宽泛的时间段内考察策略教学对听障学生的影响会更有意义。

策略教学的最终目的,是要激发学生灵活使用和广泛迁移所学策略,真正学会有策略的阅读。如何把策略内隐的思维活动外显出来,使学生体验到策略的作用,真正乐于使用阅读策略,真正能在平时的阅读过程中自觉去运用阅读策略,这也是我们在今后应该重点考虑的问题。

参考文献

中文文献：

[1] 白学军,沈德立.不同年级学生读课文时眼睛注视方式的研究[J].心理科学,1996,19(1):6-9.

[2] 白学军,沈德立.初学阅读者和熟练阅读者阅读课文时眼动特征的比较研究[J].心理发展与教育,1995(2):1-7.

[3] 曹锋,朱曼殊.儿童阅读理解监察能力的初步研究[J].心理科学通讯,1989(6):20-26.

[4] 陈向阳,戴吉.初中生元认知阅读策略训练效应的实验研究[J].心理科学,2007,30(5):1099-1103.

[5] 戴海崎,张峰,陈雪枫.心理与教育测量[M].广州:暨南大学出版社,1999.

[6] 杜晓新.阅读中认知策略与元认知策略相关及实验研究[J].心理科学,1997(20):166-167.

[7] 杜晓新,冯震.元认知与学习策略[M].北京.人民教育出版社,1999.

[8] 杜晓新,宋永宁,黄昭鸣.组织结构图标记对文章整体信息理解与保持的影响[J].心理科学,2006(5):1101-1103.

[9] 杜晓新,宋永宁,黄昭鸣.聋校中、高年级语文阅读教学中组织策略训练的实验研究[J].中国听力语言康复科学杂志,2008(4):42-44.

[10] 龚少英,刘华山.中学生阅读理解元认知的发展研究[J].心理科学,2003(6):11-19.

[11] 郭起浩,洪震.神经心理评估[M].上海:上海科学技术出版社,

2013:186.

[12] 韩雪屏.语文教育的心理学原理[M].上海:上海教育出版社,2001.

[13] 何文明.聋生语文学习情况调查研究[J].中国特殊教育,2001(1):45-47.

[14] 何先友,莫雷.文本标记效应研究综述[J].心理学动态,2000,8(3):37-41.

[15] 李伟健.学习困难学生阅读理解监视的实验研究[J].心理与行为研究,2004(1):346-350.

[16] 李姿德,林芃娟.交互教学法对增进听觉障碍学生阅读理解能力之研究[J].特殊教育与复健学报,2003(11):127-152.

[17] 李一员,吴睿明,李红.聋童执行功能发展:聋童与正常儿童的比较[J].心理学报,2006,38(3):356-364.

[18] 林宝贵,黄玉枝.听障学生国语文能力及错误类型之分析[J].特殊教育研究学刊,1997(15):109-129.

[19] 林宝贵,李真贤.听觉障碍学生国语文能力之研究[J].教育学院学报,1987(1):1-49.

[20] 刘电芝.学习策略研究[M].北京:人民教育出版社,1999.

[21] 刘电芝,黄希庭.学习策略研究概述[J].教育研究,2002(2):78-82.

[22] 刘儒德.论学习策略的实质[J].心理科学,1997(2):179-181.

[23] 刘妮娜,王娟,闫国利.快速阅读训练对小学生阅读效果影响的实验研究[J].天津师范大学学报(基础教育版),2012(1):63-67.

[24] 吕勇,阎国利.中学生快速阅读训练的实验研究[J].心理发展与教育,2000(3):47-51.

[25] 莫雷.阅读预期对快速阅读理解的影响的实验研究[J].心理科学,1999(3):197-201.

[26] 莫雷.初中三年级学生语文阅读能力结构的因素分析研究[J].心理学报.1990(1):41-50.

[27] 绮宝香.听觉障碍学生阅读理解能力之分析[J].特殊教育学报,2000

(14):155-187.

[28] 齐冰.认知灵活性与高效率学习研究[M].北京:科学出版社,2013:77-78.

[29] 宋永宁,杜晓新,黄昭鸣.聋生段落、篇章阅读中标记效应的实验研究[J].中国特殊教育,2006(10):17-19.

[30] 沈德立.学生汉语阅读过程的眼动研究[M].北京:教育科学出版社,2001.

[31] 陶云,申继亮,沈德立.中小学生阅读图文课文的眼动实验研究[J].心理科学,2003(2):199-203.

[32] 田宏杰,朱莹,韩映红,等.小学生快速阅读的眼动研究[J].心理与行为研究,2004(4):630-633.

[33] 阎国利.眼动分析法在心理学研究中的应用[M].天津:天津教育出版社,1998.

[34] 阎国利.阅读发展心理学[M].合肥:安徽教育出版社,2004.

[35] 闫国利,吕勇.快速阅读的理论与实践[M].兰州:兰州大学出版社,2002.

[36] 闰嵘,俞国良.阅读困难儿童认知灵活性发展研究特点研究[J].中国临床心理学杂志,2006,14(1):33-35.

[37] 吴灵香,蔡太生.聋儿执行功能的研究进展[J].国际精神病学杂志,2012(1):45-48.

[38] 杨七平.聋职校阅读课文的"七步法"教学模式[J].中国特殊教育,2003(3):46-48.

[39] 杨双,刘翔平,等.阅读理解困难儿童的理解监控特点[J].中国特殊教育.2006(4):53-57.

[40] 袁茵,杨旭.听觉障碍学生阅读训练模式评介[J].中国特殊教育,2004(1):40-43.

[41] 王晓平,吴庆麟,胡艳萍.小学四年级叙述文阅读理解策略教学的实验研

究[J].心理科学,2008(5):1245-1247.

[42] 张必隐.阅读心理学(修订版)[M].北京:北京师范大学出版社,2004.

[43] 张蓓莉.听觉障碍学生之语言能力研究[J].特殊教育研究学刊,1989(5):165-204.

[44] 张蓓莉.回归主流听觉障碍学生之语言能力研究[J].特殊教育研究学刊,1987(3):119-134.

[45] 张大均,余林.文章结构分析训练对阅读理解水平影响的实验研究[J].心理科学,1998(2):136-139.

[46] 张向葵.图式理论在小学语文阅读理解中的应用及其对语文学习成绩的影响[J].心理科学,1999(2).

[47] 张婷,吴睿明,李红,等.不同维度的执行功能与早期心理理论的关系[J].心理学报,2006(1):56-62.

[48] 曾祥敏.国外近十年阅读策略训练研究述评[J].西南交通大学学报(社会科学版),2008(4):87-93.

[49] 曾祥芹.阅读学新论[M].北京:语文出版社,2005.

[50] 周国韬,郭忠银.初中生语文阅读精加工策略的训练研究[J].心理科学,1998(21):172-173.

[51] 周龙兴.小学生阅读的策略发展及教学研究报告[J].教育理论与实践,1999(3):47-53.

[52] 朱绍禹.中学语文教育概说[M].呼和浩特:内蒙古人民出版社,1983.

英文文献:

[1] Akamatsu, C. T. (1988). Instruction in text structure: Metacognitive strategy instruction for literacy development in deaf students. *ACEHI/ACEAD*, 14, 13-32.

[2] Anderson, N. J. (1991). Individual differences in strategy use in second

language reading and testing. *The Modern Language Journal*, 75, 460-472.

[3] Andre M, Anderson T. (1978—1979). The development and evaluation of a self-questioning study technique. *Reading Research Quarterly*, 14(4): 605-623.

[4] Andrews, J. E., & Mason, J. M. (1991). Strategy usage among deaf and hearing readers. *Exceptional Children*, 57, 536-545.

[5] Andrews, J. E., Winograd, P., & DeVille, G. (1994). *Deaf children reading fables: Using ASL summaries to improve reading comprehension. American Annals of the Deaf*, 139(3), 378-386.

[6] Baker, L., & Brown, A. L. (1984). *Metacognitive skills and reading*. In P. D. Pearson(Ed.), Handbook of reading research(pp. 353-394). New York: Longman.

[7] Barnett, M. A. (1988). Reading through context: How real and perceived strategy use affects L2 comprehension. *The Modern Language Journal*, 72, 2, 150-162.

[8] Berta F., Edwards L., Langdon D. (2008). Executive function and language in deaf children. *Journal of Deaf Studies and Deaf Education*, 13(3): 362-377.

[9] Block, E. (1986). The comprehension strategies of second language readers. *TESOL Quarterly*, 20, 3, 463-494.

[10] Brown, P. M. & Brewer, L. C. (1996). Cognitive processes of deaf and hearing skilled and less skilled readers. *Journal of Deaf Studies and Deaf Education*, 1, 263-270.

[11] Canas J. J., Quesada J. F., Antoli A., etal. (2003). Cognitive flexibility and adaptability to environmental changes in dynamic complex problem-solving tasks. *Ergonomics*, 46(5):482-501.

[12] Carlisle, J. F. , & Rice, M. S. (2002). *Improving Reading Comprehension: Research-based Principles and Practices*. Timonium, MD: York Press.

[13] Carrell, P. L. & Eisterhold, J. C. (1983). *Schema theory and ESL reading pedagogy. TESOL Quarterly*, 17, 4, 553-569.

[14] Carrell, P. L. , Pharis, B. G. & Liberto, J. C. (1989). Metacognitive strategy training for ESL reading. *TESOL Quarterly*: 647-678.

[15] Cook, A. E. , & Myers, J. L. (2004). Processing discourse roles in scripted narratives: The influences of context and world knowledge. *Journal of Memory and Language*, 50, 268-288.

[16] Cook, L. K. & Mayer, R. E. (1983). *Reading Strategies Training for Meaningful Learning from Prose*. In Pressley, M. & Levin, J. R. (Ed.), Cognitive Strategy Research. New York: Springer—Verlag Inc.

[17] Davey, B. , (1987). Postpassage questions; Task and reader effects on comprehension and metacomprehension processes. *Journal of Reading Behavior*. 79, 3, 261-283.

[18] Daza M. T. , Phillips Silver J. , Ruiz Cuadra M. D. , et al. (2014). Language skills and nonverbal cognitive processes associated with reading comprehension in deaf children. *Research in Developmental Disabilities*, 35:3526-3533.

[19] Dembo, M. H. *Applying Educational Psychology*. (1994). NY: Longman. Kinnunen R, et al. , 4, 353-37.

[20] Dole, J. A. , Duffy, G. G. , Roehler, L. R. , & Pearson, P. D. (1991). Moving from the old to the new: Research on reading comprehension instruction. *Review of Educational Research*, 61, 2, 239-264.

[21] Dowaliby, F. J. (1992). The effects of adjunct questions in prose for deaf and hearing students at different reading levels. *American Annals of the Deaf*, 137, 338-344.

[22] Ewoldt, C. , Israelite, N. , & Dodds, R. (1992). The ability of deaf students to understand text: A comparison of the perceptions of teachers and students. *American Annals of the Deaf*, 137, 351-361.

[23] Ewoldt,C. (1986). What does 'reading' mean? *Perspectives for Teachers of Hearing Impaired*, 4, 10-13.

[24] Fielding, L. , & Pearson, P. D. (1994). Reading comprehension: What works. *Educational Leadership*, 51, 5, 62-68.

[25] Flavell, J. H. (1979). Metacognition and cognitive monitoring: A new area of cognitive Developmental inquiry. *American Psychology*,34,10, 906-911.

[26] Flavell, J. H. (1987). Speculation about the nature and development of metacognition. In F. E. Weinert & R. H. Kluwe (Ed.), *Metacognition, Motivation and Understanding*. Hillsdale,New Jersey:Lawrence Erlbaum.

[27] Fox, S. (1994). Metacognitive strategies in a college world literature course. *American Annals of the Deaf*, 139, 506-511.

[28] Gagne, E. D. (1985). *The Cognitive Psychology of School Learning*, Boston: Little, Brown and Company.

[29] Gibson, E. J. , and Levin. H. (1975). *The Psychology of Reading*. Cambridge, MA: MIT Press.

[30] Goodman, K. (1973). *Psycholinguistic Nature of the Reading Process*, Detroit: Wayne State University Press.

[31] Goodman, K. S. (1967). Reading: a psycholinguistic guessing game. *Journal of the Reading Specialist*, 6:123-135.

[32] Hanson, V. L. , & Carol Fowler, C. (1987). Phonological coding in word reading: Evidence from hearing and deaf readers. *Memory & Cognition*, 15, 199-207.

[33] Heilman, A. W. , Blair, T. R. , & Rupley, W. H. (1990). *Principles*

and *Practices of Teaching Reading* (7th ed.). Columbus, Ohio: Nerrill Publishing Company.

[34] Herrmann, B. A. (1988). Two approaches for helping poor readers become more strategic. *The Reading Teacher*, 46, 24-28.

[35] Huey, E. B. , (1908). *The Psychology and Pedagogy of Reading*. Cambridge, MA: MIT Press, 12.

[36] Ionescu T. (2012). Exploring the nature of cognitive flexibility. *New Ideas in Psychology*, 30(2):190-200.

[37] Jimenez, R. , Garcia, G. & Pearson, P. (1996). The reading strategies of students who are successful English readers: Opportunities and Obstacles. *Reading Research Quarterly*, 31(1),90-112.

[38] Just, M. A. , & Carpenter, P. A. (1980). A theory of reading: From eye fixations to comprehension. *Psychological Review*, 87, 329-354.

[39] Just, M. A. , & Carpeter, P. A. (1992). Individual differences in working memory. *Psychological Review*, 99, 1, 122-149.

[40] Kavale, K. , & Schreiner, R. (1979). The reading processes of above average and average readers: A comparison of the use of reasoning strategies in responding to standard comprehension measures. *Reading Research Quarterly*, 15, 1, 102-128.

[41] Kdelly. (1996). The interaction of syntactic competence and vocabulary during reading by deaf students. *Journal of deaf studies and deaf education*, 1: 75-90.

[42] Keer, H. V. , Verhacghe, J. P. (2005). Comparing two teacher development programs for innovating reading comprehension instruction with regard to teachers' experiences and student outcomes. *Teaching and Teacher Education*, 21,543-562.

[43] Kintsch,W. (1998). Comprehension: *A Paradigm for Cognition*. New York: Cambridge University Press.

[44] Kintsch,W. (1988). The role of knowledge in discourse comprehension: A construction-integration model. *Psychological Review*, 95, 163–182.

[45] Langer, J. (1982). *The reading process*. In A. Berget & H. A. Robinson(Eds.). Second School Reading: What Research Reveals for Classroom Practice. Urbana, IL: ERIC Clearinghouse on Reading and Communication Skills.

[46] Livingston, S. (1991). Comprehension strategies of two deaf readers. *Sign language studies*, 71,115–130.

[47] Mayer, R. E. (1996). Learning strategies for making sense out of expository text: The SOI model for guiding three cognitive processes in knowledge construction. *Educational Psychology Review*, 8, 357–371.

[48] McAnally, P. L. , Rose, S. & Quigley, S. (1999). *Reading Practices with Deaf Learners*. Austin, TX: PRO–ED.

[49] Mokhtari, K. & Reichard, C. A. (2002). Assessing students' metacognitive awareness of reading strategies. *Journal of Educational Psychology*, 942,249–259.

[50] Moores,J. , &Moores,D. (1980). Language training with the young deaf child. In D. Bricker(ed), *Language Intervention with Children*. (vol. 2), San Francisco: Jossey–Bass.

[51] Morrison, R. E. (1984). *Manipulation of Stimulus Onset Delay in Reading: Evidence for Parallel Programming of Saccades. Journal of Experimental Psychology: Human Perception and Performance*, 10,667–682.

[52] Ogle, D. (1986). K-W-L: A teaching model that develops active reading of expository text. *The Reading Teacher*, 39:564–570.

[53] O'Malley, M. , & Chamot, A. (1990). *Learning Strategies in Second*

Language Acquisition. New York: Cambridge University Press.

[54] Oxford, R. L. (1990). *Language Learning Strategies: What Every Teacher should Know*. New York: Newbury House Publishers.

[55] Palincsar, A. S., Brown, A. L. (1984). Reciprocal Teaching of comprehension-fostering and comprehension-monitoring activities. *Cognition & Instruction*, 2,117-175.

[56] Paris, S. G., & Myers, M. (1981). Comprehension monitoring, memory, and study strategies of good and poor readers. *Journal of Reading Behavior*, 13, 5-22.

[57] Phakiti, A. (2003). A closer look at the relationship of cognitive and metacognitive strategy use to EFL reading achievement test performance. *Language Testing*, 20,1, 26-56.

[58] Pisoni D. B., Cleary, Miranda. (2003). Measures of working memory span and verbal rehearsal speed in deaf children after cochlear implantation. *Ear and Hearing*, 24(1): 106-120.

[59] Pressley-Forrest. D. L., & Gillies, L. A. (1985). Children's flexible use of strategies during reading. In Pressley, M., & Levin, J. R. (Eds.). *Cognitive Strategy Research Educational Applications*, N. Y.: Springer-Verlag.

[60] Pressley, M., & Afflerbach, P. (1995). *Verbal Protocols of Reading: The Nature of Constructively Responsive Reading*. Hillsdale, NJ: Erlbaum, 1-14.

[61] Pressley, M. (2000). Comprehension instruction in elementary school: A quarter-century of research progress. In B. M. Taylor, M. F. Graves, & P. van den Broek(Eds.), *Reading for Meaning: Fostering Comprehension in the Middle Grades*(pp. 32-51). New York: Teachers College press.

[62] Rayner, K., Chace, K. H., Slattery, T. J., & Asyby, J. (2006). Eye movements as reflections of comprehension processes in reading. *Scientific Studies*

of Reading, 10, 3, 241-255.

[63] Rayner, K. (1978). Eye movements in reading and information processing. *Psychological Bulletin*, 85, 618-660.

[64] Rayner, K. (1998). Eye movements in reading and information processing: 20 years of research. *Psychological Bulletin*, 24, 372-422.

[65] Rayner, K., & Juhasz, B. J. (2004). Eye movement in reading: Old questions and new directions. *European Journal of Cognitive Psychology*, 16, 340-352.

[66] Reichle, E. D., Pollatsek, A., Fisher, D. L., & Rayner, K. (1998). Toward a model of eye movement control in reading. *Psychological Review*, 105, 125-157.

[67] Rumelhart, D. E. (1975). Notes on a schema for stories. In D. G. Borrow & Collins(Eds. *Representation and Understanding: Studies in Cognitive. Science*. New York: Academic Press.

[68] Rumelhart, D. E. (1980). *Schemata: the Building Blocks of Cognition*. In Theoretical issues in reading comprehension(pp. 33-58), ed by R. J. Spiro, B. C. Bruce, &W. F. Brewer. Hillsdale, NJ: Lawrence Erlbaum Associates.

[69] Rumelhart, D. E. (1977). *Toward an Interactive Model of Reading*. In S. Dornic(Ed.), Attention and performance: VI. Hillsdale, NJ: Erlbaum.

[70] Sarig. (1987). High-level reading in the first and in the foreign language: Some comparative process data. In Joanne Devine, P. L. Carrell, & D. E. Eskey (Eds.) *Research in Reading in English as a Second Language*(pp. 105-120). Washington: TESOL.

[71] Satchwell, S. E. (1993). Does teaching reading strategies to deaf children help increase their reading levels? *ACEHI*, 19, 38-48.

[72] Schirmer, B. R. & McGough, S. M. (2005). Teaching Reading to

Children Who Are Deaf: Do the Conclusions of the National Reading Panel Apply? *Review of Educational Research*, 75, 1, 83-117.

[73] Schirmer, B. R. (1995). Mental imagery and the reading comprehension of deaf children. *Reading Research and Instruction*, 34, 3, 177-188.

[74] Schirmer, B. R., & Winter, C. R. (1993). Use of cognitive schema by children who are deaf for comprehending narrative text. *Reading Improvement*. 30, 1, 26-34.

[75] Sheorey, R., & Mokhtari, K. (2001). Differences in the metacognitive awareness of reading strategies among native and non-native readers. *System*, 29, 431-449.

[76] Sinatra, G. M., Brown, K. J., & Reynolds, R. (2002). Implications of cognitive resource allocation for comprehension strategies instruction. In C. C. Block & M. Pressley (Eds.), *Comprehension Instruction: Research-based Best Practices* (pp. 2-76). New York: Guilford Press.

[77] Singer, H. (1978). Active comprehension: From answering to asking questions. *The Reading Teacher*, 31(8): 901-908.

[78] Stanovich, K. E. (1980). Toward an interactive-compensatory model of individual differences in the development of reading fluency. *Reading Research Quarterly*, 16, 32-71.

[79] Strassman, B. K. (1992). *Deaf adolescents' metacognitive knowledge about school-related reading*. American Annals of the Deaf, 137, 326-330.

[80] Strassman, B. K. (1997). Metacognition and reading in children who are deaf: A review of the literature. *Journal of Deaf Studies and Deaf Education*, 2, 140-149.

[81] Taylor, (1980). Recall of the matically relevant material by good and poor readers. *Journal of educational psychology*, 72, 15-38.

[82] Trybus, R., & Karchmer, M. (1977). School achievement scores of hearing impaired children: National data on achievement status and growth patters. *American Annals of the Deaf*, 122, 62-69.

[83] Walker, I., Munro, J., & Rickards, K. W. (1998b). Literal and inferential reading comprehension of students who are deaf or hard of hearing. *Volta Review*, 100, 2, 87-103.

[84] Wallace, J. (1995). Improving the reading of poor achieving students. *Reading Improvement*, 32,2,102-104.

[85] Winograd, P. & Hare, V. C. (1988). Direct instruction of reading comprehension strategies: *The nature of teacher explanation*. In C. E. Weinstein, E. T. Goetz & P. A. Alexander, eds., *Learning and Study Strategies: Issues in Assessment Instruction and Evaluation* (pp. 121-139). San Diego: Academic Press.

[86] Wolff A. B., Thatcher R. W. (1990). Cortical reorganization in hearing impaired children. *Journal of Clinical and Experimental Neuropsychology*, 12: 209-221.

[87] Wrightstone, J., Aronow, M., & Moskowitz, S. (1963). Developing reading test norms for deaf children. *American Annals of the Deaf*, 108, 311-316.

附录1:听觉障碍学生阅读策略问卷

学生阅读策略问卷

亲爱的同学:

你好!这是一项关于"学生阅读策略特点"的研究,首先感谢你的参与,你的意见对我们来说**非常非常重要**!本问卷由许多与你相关的问题组成,共有57句话。请你认真读懂每一句话的意思,然后根据该句话与自己的实际情况相符合的程度,在每句话后面的相应数字(0、1、2、3、4)上画"○"。

每个数字代表的意义如下:

0——表示"我从来不这样做"

1——表示"我很少会这样做"

2——表示"我有时这样做,有时不这样做"

3——表示"我经常这样做"

4——表示"我总是这样做"

例如:我的很多课外书都是自己买的　　　　　　　0 ① 2 3 4

(解释:因为"我"很少自己买课外书,所以应该在数字"1"上画圈。)

请注意:

(1)所有问题没有标准答案,无所谓好坏或对错。这也不是考试,不会影响你在学校的成绩。

(2)请认真回答每一道题,不要漏题,每题只能选择一个选项。

(3)对每个问题你不必反复考虑,可凭第一印象作答。

从来不这样做 0 1 2 3 4 总是这样做

1. 阅读时我总喜欢读出声来　　　　　　　　　　　0　1　2　3　4

2. 阅读时,我会结合自己已有的知识经验来理解文章内容　0　1　2　3　4

3. 阅读中,我会将文章的内容要点联系起来理解　　　0　1　2　3　4

4. 阅读前我知道自己的阅读目的是什么　　　　　　0　1　2　3　4

5. 理解遇到困难时,我会回到不明白的地方重新读　　0　1　2　3　4

6. 我利用所有可利用的时间进行阅读　　　　　　　0　1　2　3　4

7. 我会选择去安静舒适的地方进行阅读　　　　　　0　1　2　3　4

8. 当阅读遇到困难时,我会设法使自己心态保持平静　0　1　2　3　4

9. 阅读完某一段落或全文后,我会试图回忆其全部内容　0　1　2　3　4

10. 我会联系上下文来猜出某些不懂单字的意思　　　0　1　2　3　4

11. 阅读后,我会将内容要点进行归纳总结　　　　　0　1　2　3　4

12. 我会带着预先设置的一些问题进行阅读　　　　　0　1　2　3　4

13. 如果文章很难,自己没有理解时,我能意识到　　　0　1　2　3　4

14. 感觉文章有前后矛盾的地方,我会返回去重读　　0　1　2　3　4

15. 在状态好的情况下,我会抓紧时间阅读　　　　　0　1　2　3　4

16. 我会远离可能影响我阅读的事物(如电视等)　　　0　1　2　3　4

17. 阅读时,我总是感觉很放松　　　　　　　　　　0　1　2　3　4

18. 为了记住文章内容,我会将重点内容抄写下来　　0　1　2　3　4

19. 阅读时,将阅读的内容在脑海中想象出来　　　　0　1　2　3　4

20. 阅读的时候,关注文章的结构　　　　　　　　　0　1　2　3　4

21. 阅读前我会考虑哪些部分需要仔细阅读,哪些部分粗略地读

　　　　　　　　　　　　　　　　　　　　　　　0　1　2　3　4

22. 阅读完后,我会检查阅读目的是否达到　　　　　0　1　2　3　4

23. 重要的地方我会仔细地阅读　　　　　　　　　　0　1　2　3　4

24. 阅读遇到困难时会问同学或老师　　　　　　　　0 1 2 3 4

25. 读懂一篇文章后,有一种成功的感觉　　　　　　0 1 2 3 4

26. 阅读完某一段落后,我会用自己的语言将主要内容描述出来

　　　　　　　　　　　　　　　　　　　　　　　0 1 2 3 4

27. 阅读的时候,我会对阅读的内容提出很多问题　　0 1 2 3 4

28. 阅读时,我能区分文章的主要内容和文章的细节　0 1 2 3 4

29. 阅读前我会根据阅读目的选择合适的阅读方法　　0 1 2 3 4

30. 阅读时我会检查自己是不是理解正在阅读的内容　0 1 2 3 4

31. 阅读中遇到很难理解的地方,我一定会想办法弄清楚 0 1 2 3 4

32. 阅读前,我会分配好各部分的阅读时间　　　　　0 1 2 3 4

33. 阅读时,即使有朋友约自己出去玩,我也要坚持读完 0 1 2 3 4

34. 为了记住文章内容,我会用笔在重点内容下做记号 0 1 2 3 4

35. 我会一边阅读一边想象后面将会发生什么样的情节 0 1 2 3 4

36. 阅读完后,我会概括总结文章的段落大意或中心思想 0 1 2 3 4

37. 阅读时,先读自己喜欢读的,再去读难读的　　　0 1 2 3 4

38. 在阅读过程中会随时考虑自己的阅读方法是否正确 0 1 2 3 4

39. 阅读中,我会根据已制定的计划适当调整阅读速度 0 1 2 3 4

40. 阅读时遇到影响阅读的突发事件,我会想办法应对 0 1 2 3 4

41. 阅读时,如果觉得文章太难理解,我也会坚持下去 0 1 2 3 4

42. 阅读完后,我会返回去再看看前面重要的内容　　0 1 2 3 4

43. 为了帮助理解和记忆,把文章内容与日常熟悉的例子联系起来

　　　　　　　　　　　　　　　　　　　　　　　0 1 2 3 4

44. 为了帮助理解和记忆,将文章的内容或结构列成图表(或提纲)

　　　　　　　　　　　　　　　　　　　　　　　0 1 2 3 4

45. 我很清楚自己在阅读中使用了哪些阅读方法　　　0 1 2 3 4

46. 阅读很重要的段落时,我会放慢速度　　　　　　0　1　2　3　4

47. 阅读开始后,我会排除一切干扰坚持读完　　　　0　1　2　3　4

48. 遇到读不懂的地方,我会翻翻工具书或参考书　　0　1　2　3　4

49. 重要的地方我会多看几遍,争取背诵下来　　　　0　1　2　3　4

50. 阅读中,看到某些词语时我会联想到学过的近义词　0　1　2　3　4

51. 阅读前会计划应该先做什么,再做什么　　　　　0　1　2　3　4

52. 阅读完后,我会总结阅读中使用了哪些方法　　　0　1　2　3　4

53. 当我感觉无法理解文章整体内容时,我会停下来想一想并整理思路

　　　　　　　　　　　　　　　　　　　　　　　　0　1　2　3　4

54. 我认为重要的文章,会立即去阅读　　　　　　　0　1　2　3　4

55. 看到标题,我会预先猜想文章要讲述什么内容　　0　1　2　3　4

56. 阅读完后我会考虑自己的阅读方法是否合适　　　0　1　2　3　4

57. 我能根据小说、诗歌等不同文章的特点来调整阅读的速度　0　1　2　3　4

附录2：实验材料示例

【逻辑错误型】

今年三月份，又到了爸爸的生日了。我想家中什么也不缺，爸爸就爱好读书，要是我给他寄几本他喜欢的书去，也许他会很高兴。于是我就买了一套《鲁迅全集》寄去。果然跟我想的一样，**妈妈收到我寄给她的生日礼物后**，回信说对我的礼物十分满意。

阅读理解测验题（下面每题只有一个答案是正确的，请根据刚才所读的文章，选出正确答案）

1. 作者为什么给爸爸寄《鲁迅全集》？（　　）

　A. 爸爸喜欢鲁迅　　　　B. 作者喜欢鲁迅

　C. 作者爱好读书　　　　D. 爸爸爱好读书

　▲你觉得答对这道题的把握是：☐完全有把握　　☐有50%把握

　　　　　　　　　　　　　　　☐完全没有把握

2. 作者是怎么知道爸爸对礼物很满意的（　　）？

　A. 爸爸亲口告诉他的　　B. 作者心里猜测的

　C. 爸爸写信说的　　　　D. 爸爸打电话说的

　▲你觉得答对这道题的把握是：☐完全有把握　　☐有50%把握

　　　　　　　　　　　　　　　☐完全没有把握

3. 作者送给爸爸的书是作为（　　）

A. 新年礼物　　　　　B. 生日礼物

C. 春节礼物　　　　　D. 给家里寄钱物

▲你觉得答对这道题的把握是：☐完全有把握　　☐有50%把握

☐完全没有把握

【经验错误型】

非洲有一种生活在水里的"水羊"。这种羊双角弯长，眼睛是红色的，身体比陆地上的羊大两三倍。当地居民养水羊的很多，在村旁的小河里，**水羊像野兔、鸭子一样到处游泳**。水羊以食水草为生，终年生活在水里，很少上陆地。成年的水羊可以像船一样作为渡河的工具，也可以宰杀吃肉。

阅读理解测验题（下面每题只有一个答案是正确的，请根据刚才所读的文章，选出正确答案）

1. 根据这段文字，与陆地上的羊相比，水羊（　　）：

A. 活得时间短　　　　B. 个头大得多

C. 毛又稀又少　　　　D. 肉不太好吃

▲你觉得答对这道题的把握是：☐完全有把握　　☐有50%把握

☐完全没有把握

2. 这段文字中提到"鸭子"，是为了说明水羊的（　　）：

A. 饲养数量　　　　　B. 食物类型

C. 生活习惯　　　　　D. 外貌特征

▲你觉得答对这道题的把握是：☐完全有把握　　☐有50%把握

☐完全没有把握

3. 这段文字没有告诉我们水羊( )：

A. 吃什么东西 　　　　　 B. 眼睛什么颜色

C. 能用来干什么 　　　　 D. 是哪国的动物

▲你觉得答对这道题的把握是：☐完全有把握　☐有50%把握

☐完全没有把握

【同音字误用】

　　随着电话的普及，人们写信越来越少了。现在哪些人写信比较多呢？据调查，主要有两类人：一是正在恋爱的人，**因为恋人有时心梨有想要说的话**，嘴上却不好意思讲，往往借助书信表达出来；二是大学生，也多是用写信的方式向亲友报告自己的生活情况，以及向家人要钱物。

　　阅读理解测验题（下面每题只有一个答案是正确的，请根据刚才所读的文章，选出正确答案）

1. 现在为什么人们写信少了？( )

A. 普遍使用电话 　　　　 B. 写信时间用得多

C. 写信花钱多 　　　　　 D. 人们变懒了

▲你觉得答对这道题的把握是：☐完全有把握　☐有50%把握

☐完全没有把握

2. 恋爱的人为什么喜欢写信？( )

A. 他们时间比较多 　　　 B. 怕打电话时别人听

C. 说心里话更方便 　　　 D. 写信心情更快乐

▲你觉得答对这道题的把握是：☐完全有把握　☐有50%把握

☐完全没有把握

3. 大学生给亲友写信的主要内容是:(　　)

A. 介绍上课内容　　　　B. 报告生活情况

C. 提高文化水平　　　　D. 给家里寄钱物

▲你觉得答对这道题的把握是:☐完全有把握　　☐有50%把握

☐完全没有把握

附录3：听觉障碍大学生快速阅读训练

教案范例（第3次训练课）

训练目标：(1) 提高训练对象注意的稳定性。

(2) 增强训练对象阅读识别间距，进一步克服逐字阅读的习惯。

(3) 提升训练对象阅读速度。

材料准备：舒尔特方格训练材料、增大识别间距训练材料、阅读材料、阅读计时器（事先制作成PPT课件）。

训练过程：

(1) 教师导入。

(2) 第一环节：注意力训练。

教师：注意力的高度集中是快速阅读的重要保证。这个环节我们将加强对同学们注意力的训练，下面请同学们两人一组，一位同学要在我们限定的时间内按递增的顺序快速找出下列方格中的所有数字，并把它指念出来，另一位同学负责监督和计时。

（教师分发舒尔特方格训练材料，并示意训练开始，第一次训练结束后，同组两人角色互换，再进行同样训练。使用不同的舒尔特方格材料训练三轮，训练材料示例如下）

13	19	8	24	18
12	5	16	20	3
7	1	22	23	14
10	21	2	9	25
4	11	17	6	15

图1 舒尔特方格训练材料示例

(3) 第二环节:增大识别间距训练

教师:请在30秒内阅读下面的材料,之后回忆自己是否理解了文字内容。阅读的时候注意,一个方框的内容只能注视一次!

【训练材料示例】

| 我有个朋友, | 他有好多朋友。 | 我挺羡慕他, | 就问: | 为什么你有那 |

| 么多朋友? | 他笑笑: | 因为我总是 | 把笑容写在脸上。 | 这句有诗意的话 |

| 也就立刻引起了我的回忆。 | 确实, | 他总是笑眯眯地 | 与你打招呼, |

| 笑眯眯地看着你的眼睛, | 笑眯眯地听你说话。 | 有一天, | 我陪他上街, |

| 居然 | 看见他 | 在对卖菜的老农笑。 | 我问:"你认识他?" | 他摇摇头 |

| "那你为什么对他笑?" | "天太冷, | 笑是阳光, | 而笑会使他感到温暖。"

(训练完成后继续进行其他组材料的训练。)

(4) 第三环节:快速阅读训练

教师:下面我们用前面讲过的快速阅读的技巧与方法进行实战练习。待会儿我把阅读材料发给大家,等我说"开始",大家才能阅读,读完后迅速扣过材料,同时查看自己的阅读时间。然后再做后面的阅读理解题,大家边阅读边注意文章的题目、主要内容、主旨句、关键词句。

(教师发放阅读材料,出示课件:阅读计时器)

教师:下面准备,计时——开始。

(学生阅读材料并做题)

教师:大屏幕上显示的是答案,请你自己给自己打分。共10题,每题10分,总分是100分。

(指导学生计算相关阅读指标,并填写在训练记录表中。)

【训练记录表】

姓名	训练日期	文章字数	阅读时间	得分	阅读速度(字数/阅读时间)	阅读理解率(得分/100分)	阅读效率(阅读速度×理解率)

(5) 教师总结

(注:本次快速阅读训练的文章是:《信任》和《父亲》)